养育女孩

静 涛 ◎ 著

江西人民出版社

图书在版编目（CIP）数据

养育女孩 / 静涛著. -- 南昌：江西人民出版社，2017.9
ISBN 978-7-210-09573-6

Ⅰ. ①养… Ⅱ. ①静… Ⅲ. ①女性－家庭教育 Ⅳ. ①G782

中国版本图书馆CIP数据核字（2017）第166598号

养育女孩

静涛 / 著

责任编辑 / 冯雪松
出版发行 / 江西人民出版社
印刷 / 保定市西城胶印有限公司
版次 / 2017年9月第1版
2017年9月第1次印刷
880毫米×1280毫米　1/32　7印张
字数 / 120千字
ISBN 978-7-210-09573-6
定价 / 26.80元

赣版权登字-01-2017-551
版权所有　侵权必究

如有质量问题，请寄回印厂调换。联系电话：010-64926437

前言

相信自从女孩出生之后，父母们每天魂牵梦绕的就是怎样让她成为出色、幸福、完美……了不起的女孩，那么，女孩子应该接受什么样的教育才能够发挥出最大的潜力，体会到最大的幸福呢？

为了回答这个问题，父母们首先要知道女孩怎样才能获得幸福。父母们也许会把自己的女孩当成是上天的恩赐，疼着她、爱着她、教育着她，让她成为最优秀的女孩。长大之后，她能有一个既轻松又赚钱的工作，能够找到一个宠她爱她的好男人，能有一个温馨和谐的家庭……

希望归希望，现实归现实，女孩能不能成为幸福的人，取决于她受到什么样的教育。可以说，父母是女孩最直接、最贴心的老师。无疑，能不能培养出一个了不起的女孩，父母是关键。

我们这里所说的了不起的女孩，是指具有良好的素质、非常的魅力，能够吸引和影响自己周围的人，既可以让自己获得幸福，同时又能够给别人带来幸福的"福星"。尤其是当她长大成人，组建家庭后，她又会成为一个优秀的母亲，并且能够培养出更优秀的儿女。从这个角度来说，她不但能够影响一个家族，还能够影响一个民族！可以说，女孩的教育是民族教育的根本，教育好女孩就等于教育好了整个民族！

人们常说：女人是水做的，男人是泥做的。水，柔软，无形，质地清洁，却又可以滴水穿石；土，厚重，混沌，包容万千，却容易干裂风化。但是水和泥的结合却使得大自然充满了生机。同样，女人一直以来也是美的化身，温柔，善变，却又脆弱，但同时又具有很强的耐性和韧性；男人一直是力量的代表，粗犷，阳刚，有很强的事业心和责任感。正是男人和女人的结合，才有了人类的发展，才有了今天的繁荣。

对于女孩来说也是这样，女孩在妈妈的肚子里慢慢长大的那一刻开始，就注定了她和男孩是完全不同的，她们秉承了母亲作为女人的那一份特质，柔弱，渴望被关注，注重与人的关系，爱美、敏感、胆小、容易生气和嫉妒，等等。

在女孩的世界里，她们和糖果、香水、漂亮的饰品，以及一切美好的事物息息相关。女孩敏感，她们很注重与周围所有人之间的关系；女孩胆小，她们经常会被男孩子欺负，即使是比她们小的弟弟都敢毫无畏惧地欺负她们；女孩缺少主见，是穿绿色的裙子还是穿红色的裙子，很多时候都要妈妈来决定；女孩爱美，总是喜欢把自己打扮得花枝招展的，买了新衣服就赶快穿在身上；女孩喜欢攀比，看见别的女孩有什么漂亮的衣服就会让父母

前言

给自己也买一件；女孩具有很多天赋，但父母稍不留神，她们的天赋就有可能泯灭……

因此，父母要走进女孩的内心世界，了解她的成长规律，在女孩不同的年龄阶段，采用不同的教育方法，使自己的小公主变得坚强、勇敢、有主见起来，把小公主的天赋激发出来。

《养育女孩》用精彩的案例和生动通俗的讲解，从爸妈必知、培养女孩的气质、塑造女孩的性格、倾听女孩内心的声音、帮女孩平稳度过青春期等多个方面，总结了养育女孩的各种经验。这些是行之有效的，是能够在家庭教育中落实的，是培养优秀的、了不起的女孩的法宝。

女孩美丽如玉，但也娇贵易碎，因为她心思细敏。培养女孩，任何细节都不容忽视。要想让我们的女儿成长为最优秀的女孩，父母必须不断地提高教育的技巧，改善教育的不良观念，从教育中来，到教育中去。当教育做到了完美极致，女孩的成长才可能达到完美极致。

目 录

第一章 爸妈必知，这就是女孩

男孩来自火星，女孩来自金星 002
女孩和男孩在大脑结构上的差别 005
了解女孩的天赋和弱势 009
荷尔蒙：女孩成长的"魔法师" 012
X染色体：决定女孩一生的成长轨迹 015
女孩比男孩更渴望父母的关注 018
女孩较敏感，多给她拥抱 020

第二章 家有公主，培养女孩的优雅气质

不说脏话，不干出格的事 024
文明礼貌：家长要做好榜样 026
培养女孩的日常社交礼仪 029
为孩子挑选舞蹈特长班 031
给女孩接触音乐的环境 032
带女孩多见见世面 034

第三章 不娇不宠，塑造女孩的完美性格

不要给女孩太多的限制 038
女孩为何那么爱缠人 040
娇养，不等于娇生惯养 043

001

多关注女孩的心灵成长 ………………………… 047
帮助女孩克服自卑，收获自信 ………………… 051
远离嫉妒和猜疑的女孩最美丽 ………………… 055
女孩要做强大的自己 …………………………… 058
让女孩学会欣赏自己 …………………………… 061
消解女孩的"小姐脾气" ………………………… 062
培养女孩的宽容心 ……………………………… 064

第四章　狠心放手，要求女孩独立自主

自我管理是女孩独立的前提 …………………… 070
不做后盾，克服女孩依赖心 …………………… 071
让女孩学会独立思考 …………………………… 073
女孩要温柔而不软弱 …………………………… 078
让女儿早日学会自立 …………………………… 081
这些道理趁早告诉女孩 ………………………… 085
少拿别人家的孩子来做比较 …………………… 087

第五章　多点耐心，倾听女孩的内心声音

多听听孩子的话 ………………………………… 090
和女孩讲讲身边的趣事 ………………………… 093
谈点女孩感兴趣的话题 ………………………… 094
用故事来代替大道理 …………………………… 097
问题出现时问问孩子的看法 …………………… 099
父母错了也应向女儿道歉 ……………………… 100
和女孩沟通的最佳方法 ………………………… 103
站在女孩的角度看问题 ………………………… 106
倾听女孩的心声 ………………………………… 109

目 录

第六章 财商教育，训练女孩正确的金钱观

如何做好孩子的财商教育 114
从零花钱开始训练女孩理财 115
节俭生活并不是穷人的专利 117
用压岁钱打理孩子的金钱观 119
会花钱也是一种能力 121
女孩爱攀比怎么办 124

第七章 经常提醒，加强女孩的安全教育

不咬铅笔头，不用香味学习工具 130
女孩要学习的户外避险常识 132
在运动中保护自己不受伤 134
和女孩一起进行安全演习 137
在劳动中保护好女孩 140
出行注意交通安全 141
从小锻炼安全逃生技能 143
增强女孩的自我保护意识 146
教女孩警惕"性骚扰" 148

第八章 正向思考，提高女孩的学习成绩

用积极心态面对，学习是件快乐事 152
鼓励女孩多和老师积极互动 154
知识要融会贯通，忌不求甚解 157
从点滴做起，爱上阅读 159
寓学于乐，在游戏中学习知识 161
给女孩创造自由学习的机会 163
让孩子认识到自主学习的重要性 164

乐学好学，让孩子快乐学习 167
父母不能替代孩子自学 171

第九章 饮食搭配，让女孩有个健康的身体

营养膳食，不瘦不胖 176
偏食和挑食怎么对付 178
不挑食的女孩才有健康美 182
控制零食，保证营养膳食的摄入 184
养成好的进餐习惯 186
让女孩爱上新鲜水果 188
小心吃洋快餐过多变成小胖妹 190
远离夜宵，一日三餐不可少 192

第十章 尊重隐私，帮女孩度过青春期

性教育没有什么不能谈的 196
允许女孩结交谈得来的异性朋友 199
教育女孩要自爱，不能偷尝禁果 201
帮女孩树立正确的恋爱观 203
让女孩自我评估恋爱能力 206
让女孩懂得珍爱自己 209

第一章

爸妈必知，这就是女孩

男孩来自火星，女孩来自金星

一直以来，人们都认为女性和男性在神经、性情、生理、心理等方面并不存在明显的差别。在20世纪70年代，即使那些专门从事生理学研究的学者也持有类似的观点。与此同时，由格洛丽亚·斯泰纳姆、贝蒂·弗里丹等人发起的一场女权主义运动也曾公开宣扬：女人之所以和男人不同，完全是由后天的教育造成的。这种观点认为，女孩和男孩起初在生理结构上仅存在着某些细微的差别，只是在后天的环境中，由于受到了不同家庭、社会教育的影响，才形成了不同的性格特点。难道造物主赋予女孩的生理结构只是形同虚设吗？

事实上，与男孩相比，女孩有着更为显著的个性。女孩之所以成为女孩，并不是后天的教育方式所造成的。相反，她们自从出生的那一天起，就和男孩有着本质的区别，在她们的内心深处发出这样的呼唤：我是女孩，我应该这么做！

这种呼唤来自于本性，这种本性告诉我们：女孩和男孩的差别是与生俱来的。在遥远的古代，人们认为女孩与男孩的不同是自然的，而且也是固有的。甚至对女孩来说，这种差别一直都是神秘而重要的。在生活中，我们也很容易看到女孩和男孩的各种不同。

大部分女孩都是爱哭鼻子的"小天使"，为了一点小事就会泪眼汪汪；而男孩则不然，他们即使突然栽倒在地上，也会像什么都没发生一样爬起来接着玩。其原因在于女孩的视觉、听觉、触觉、嗅觉、味觉这五种感觉都比男孩敏感。与刚出生的男婴相比，女婴对噪声更容易产生不舒服的感觉。女孩喜欢的游戏一般都是跳皮筋、过家家等，因为这种游戏的秩序感比较强，每一个步骤都有明确的规定，其竞争性也不强。也就是说，她们在乎的只不过是"一起玩"的感觉而已。相比之下，男孩则会偏爱那些充满竞争和战斗色彩的游戏，比如三五个小男孩在一起玩"奥特曼"大战"怪兽"的游戏，因为这种游戏的输赢是显而易见的。

在学习方面，一般女孩的语文学得都比较不错，因为女孩的语言能力优于男孩。在小学阶段，一般都是由女孩来担任班长一职，对一群男孩进行"指挥"。到了中学阶段，这种状态就会逐渐发生转变。

在空间识别能力方面，女孩则明显不如男孩。男孩很容易通过看地图找到要去的地方，女孩则需要经过一番仔细的观察，才能找出正确的方向和道路。

在记忆方面，对于毫不相干的人名、地点、数字等，女孩都能记得非常清楚，在背诵时一般能原原本本地从头背到尾。由于在小学阶段的教学中，单纯的机械背诵比较多，因而女孩的记忆力就显得比男孩强。然而，女孩记忆时的逻辑思维相对较差，不会注意其中的逻辑关系，而男孩则比女孩要强很多。

在审美方面，女孩一般喜欢粉色或者其他柔美的颜色，她们的衣服也大都是粉色、红色的。女孩天生就喜欢漂亮的衣服，在很小的时候就会偷偷穿上妈妈的衣服，拿着妈妈的包包，甚至蹬上妈妈的高跟鞋，尽情地"臭美"。而男孩则更偏爱天空蓝或白色的衣服，对于衣服的款式和质量也不在意。很多时候，在男孩眼里，一件质量上乘的衣服还比不上一件做工粗糙但印有"奥特曼"的衣服。

在人际关系方面，女孩更看重亲密的人际关系，不像男孩那样富有"侵略性"。女孩更喜欢与一两个好朋友来往密切，互诉衷肠。这就是说，对女孩来说，人际关系显得更加重要，因此她们在这方面显得比男孩更加出色。这样，女孩对他人也有更强的感受性，她们可以更多地表达对他人的关心和同情。而男孩通常都是成帮结伙，形成较大的团体，大部分都属于"泛泛之交"，具有更强的社会性。

通过上述事实可以看出，与其说是周围的社会环境塑造了一个女孩，对女孩的兴趣、情绪、态度、自信心以及人际交往的方式产生了影响，还不如说女孩的社会角色正是由女孩自身的神经生理所决定的。

科学研究还表明，男孩和女孩的差别是因大脑结构、荷尔蒙、染色体的不同而不同的。由于在大脑结构和功能方面存在差异，所以女孩的生理与男孩呈现出很大的不同。

在4个月大时，对于照片里家庭成员的面孔，女孩就比男孩拥有更好的识别能力，而男孩在这方面表现得就很差。出生一周左右的女孩，对于其他婴儿的哭声比男孩有更好的辨别力。通过研究发现，在大脑很多区域的发育上，女孩与男孩呈现出很大的不同。

男孩大概到了4岁半的时候，才能把自己想表达的东西讲清楚，而女孩在3岁时就做到这一点了。所以，男孩在娱乐、学习和交流方面更多地借助于他的身体运动。

实际上，尽管男孩和女孩有一些相同的荷尔蒙，但是这些荷尔蒙所发挥的作用并不相同。可以说，女孩和男孩的差别是与生俱来的。

女孩和男孩在大脑结构上的差别

种种现象表明，女孩和男孩的很多差别是与生俱来的，那么女孩和男孩的大脑结构的差异究竟都有哪些呢？要了解这些差异，首先要认识一下大脑。大脑是一种物质基础，它既是人类活动的内在原因，也是其外在的表现。通常来讲，人类的大脑可以分为大脑皮层、边缘系统和脑干三个部分。大脑皮层位于脑的顶端，共分为四叶，在人的发育过程中是最晚进化的；边缘系统，位于脑的中间，在进化时比大脑皮层要早；脑干，位于脑的基部，在人的发育过程中是较早进行的。大脑皮层主要与我们的思维、决定、想象和语言创造有关。边缘系统主要通过位于它内部的视丘下部腺体，对体温、睡眠周期和月经周期等进行控制。脑干是我们对选择反抗还是选择逃跑作出反应（我应该逃跑还是还击）的部位，控制呼吸和消化也是它的基本功能。边缘系统的功能就是情感的加工处理和直接控制，就像交通总指挥一样，它对我们的知觉、记忆、压力和其他的刺激进行控制。科学家们研究发现，在几百万年前，人类只有脑干，脑干周围的边缘系统和大脑皮层是后来才陆续出现的。我们把大脑皮层习惯性地称为"灰色物质"，它大致分为枕叶、顶叶、颞叶和额叶四叶，每叶都是由数十亿个细胞结合在一起的。从生理学上说，大脑皮层的四叶可以分为左右两个半球，两个半球通过一束神经连接在一起。在这四叶中，还有更小的一叶，叫作"前额叶"，它位于前额的后面，是这四叶中的一部分，它控制着人的道德和行为规范。

通过科学研究发现，女孩和男孩大脑结构的差异主要表现在两个半球、大脑皮层物质、海马趾上。女孩与男孩大脑的发育，始于相同地方——额叶、颞叶、前额叶、边缘系统等，但其各自的发育又存在着很大的差异。女孩在出生以前，她们的大脑就处在发育状态，脑干上慢慢形成边缘系统，在边缘系统上逐渐形成新大脑皮层。当女孩降生的时候，她的大脑已经成为一团有着无数细胞通过神经递质相互联系、相互作用形成的物质。其结构是由遗传决定的，但它的结构也会因个体的不同而有所差别。

当然，和男孩一样，女孩的大脑也是右半球先发育，然后是左半球。然而，女孩的大脑从右向左发育的速度要快于男孩。这样，女孩比男孩更早学会说话的原因就不难理解了，因为正是大脑的左半球控制着人类的语言中枢。

当女孩学走路的时候，大脑皮层的枕叶就会得到更快的发育，这让女孩能够接受更多的感性材料。例如，女孩可以准确地从很多声音中辨别出爸爸妈妈的声音，因为她们对声音比男孩更敏感。此外，女孩的触觉、听觉、味觉也是如此，她们的内心世界也比男孩更加感性。这就可以解释为什么女孩更喜欢抱着洋娃娃了。

与女孩相比，男孩的大脑随着年龄变化而有些差别。男孩大脑的右半球优于女孩，他们具有更强的空间感，但相对缺乏感性。男孩大都不喜欢安静地坐着，他们总爱四处乱跑。他们看到一样东西就想抓着玩，总喜欢打打闹闹。

人的大脑是通过神经递质的传递来完成学习和工作的，但是男孩和女孩的神经递质的性质是不同的。例如，女孩的大脑会比男孩分泌更多的5-羟色胺（serotonin），这种物质可以控制人的冲动情绪，这样就很容易理解为什么两三岁的女孩比同龄的男孩子更安静了。

女孩的大脑还可以分泌一种被称为催产素的物质，这种物质与照顾孩子有着密切的关系。在生活中，无论什么年龄的女孩都会对洋娃娃产生一种喜爱之情。一项科学研究还表明，除了人类之外，那些雌性的灵长类动物在接近婴儿、小动物或者其他弱小的对象时，大脑也会分泌出这种物质。

到八九岁的时候，大脑的另一个部分——海马趾变得活跃起来。海马趾位于每一侧脑室的下沿，是形如海马一样的突起，储存记忆是它最大的功能。研究表明，女孩具有比男孩更大的海马趾。更值得注意的是，女孩海马趾中的神经元在数量和传递速度上也超过男孩。生活中，我们很容易看到女孩的记忆力比男孩好。比如，同时要求两个同为8岁的女孩和男孩去叠被子、擦桌子、倒垃圾，结果你会发现，女孩不需要你再次提醒就能做完这三件事，而男孩可能干了这样忘了那样。为什么女孩与男孩在海马趾的结构上有如此大的差异呢？从科学的角度来讲，这是进化的结果。在很久以前的未开化时代，女性负责照顾孩子，而男性则外出打猎，这种状态一直持续到大约一万年前。男女的不同分工造成了大脑结构的差异。为了更好地照顾孩子，女性大脑的左半球需要更好地发展，以产生语言和声音；海马趾更好地发展，这有助于她们记住那些复杂而琐碎的事情。为了更好地照顾孩子，她们变得更为敏感；为了在遇到危险时保护孩子，她们便不像男人那样冲动，而是三思而后行。

在进入青春期之后，女孩大脑的很多区域都比男孩活跃。其表现之一，就是女孩更注重事情的细节，并且主观色彩较为强烈。而男孩则更注重逻辑推理，不会更多地考虑各种细节。在这个时期里，当女孩面对压力时，大脑中会出现更多的促肾上腺皮质激素释放因子，这种化学物质会增加压抑反应，会让女孩变得少言寡语，不爱和人交往。而男孩面对压力时，大脑的反应会表现得更强烈。他们通常会通过暴力或者像抽烟、喝酒之类的行为来宣泄内心的压抑。

当女孩的额叶、顶叶、枕叶、颞叶能够很好地和边缘系统进行协调作用时，她的大脑皮层正在经历脑髓的发育过程。脑髓是大脑里面的一种白色黏稠状的物质，它有助于神经递质和神经突触更快地工作。女孩在20岁左右的时候，脑髓就完成了发育，女孩的大脑几乎完全形成了。然而男孩的脑髓发育的过程则相对较慢，这也使得他们的大脑结构与女孩有了更多的不同。

了解女孩的天赋和弱势

男孩与女孩不仅表现出不同的外貌特征，也有着不同的先天优势与弱势。因此，父母要了解女孩普遍的先天优势和弱势，并以此为基础对孩子进行教育和培养，发扬孩子的优点，设法弥补其不足。只有根据孩子的具体情况，运用科学合理的方法，才能使孩子得到更好的发展。

1.了解女孩的天赋

女性荷尔蒙是女性特质的激活码，女孩从童年时期开始，存在于她们体内的雌性荷尔蒙就让她们更加谨慎细心、稳定从容。女孩的感知能力也更加细腻灵敏，不管是味觉、视觉、嗅觉、听觉还是触觉，都比男孩强。因此，女孩的感情会更加丰富和细腻，这使她们更加喜欢交往、注重环境与自己的关系，渴望得到感情上的支持。

研究表明，女孩的语言大脑组织位于半脑前区，而男孩的语言大脑组织则在左半脑的前区和后区都有所分布。女孩大脑左半球神经末梢的发育要比男孩早，所以，女孩生来就拥有较强的语言能力，比如女孩很少在说话、阅读等方面出现问题。

细腻的感情使女孩可以体察和感知世界更多的、更加细微的变化，良好的语言天赋和乐于与人交流的倾向使女孩更容易与他人之间形成良好的人际关系，同时这种天性也让女孩拥有了较强的想象力和洞察力。

此外，女孩的发育过程要快于男孩，且更为均衡，平衡能力也强于男孩。一般来讲，学龄前同龄的女孩比男孩的平衡能力更好，女孩能很好地进行单腿跳。

2.了解女孩与生俱来的弱势

存在于女性体内的大量雌激素，不仅让女性表现出女人的特征，还会在不同时期对女性的心理和生理方面产生影响。女孩的理解力、行动力、思考与情绪乃至记忆力，都与雌激素有着紧密的关系。如果雌激素变得不稳定，女孩就容易产生孤独、生气、易怒、失望、缺乏自尊、神经过敏等表现。

雌激素往往会使女孩的情绪变化无常，因此，与男孩相比，女孩具有较小的攻击性，较弱的竞争力，更容易受到情感上的伤害，也更易于受到抑郁症的威胁。

此外，女孩的抽象思维能力和空间思辨力也不及男孩，在抽象概念和理论的运用上的能力不强，所以在数理化的学习上，女孩要比男孩感到吃力一些。

3.发挥女孩的天赋

女孩具有较为细腻的感情，喜欢自由自在地与人相处和交流，她们具有关怀他人的意愿，同时更渴望获得他人的关心和爱护。在与人的关系中可以平等地付出、获取，与伙伴之间彼此依存和制约，女孩很享受一种对自己以及周围关系负责的生活方式。

女孩更注重自己和他人的情感世界，善于从心理和感情上观察周围的世界，不惜付出自己的爱与关怀去帮助他人，所有这些都出自于女孩的天性。如果在友好地对待他人时受到了外界的干扰，那就有可能削减女孩的这种天性。所以，在现实生活中，父母要对女孩的这些好的天赋加以充分利用，并将有关美好、爱、感恩等有益于身心发展的因素灌输给女孩，以加强和完善女孩这些原始的天性，将其培养成一个充满爱心的孩子。

4.尽量弥补女孩的弱势

随着女性的地位在现代社会中的不断提高，她们的原始天性已经不再能满足社会的要求。因此父母要对女孩进行训练，以弥补她们的不足之处，使她们逐步完善，日后可以更好地适应社会。

虽然抽象思维能力和空间思辨能力是女孩天生的弱势，但如果在儿童时期加以正确的引导和锻炼，这种能力是可以得到改善和加强的。因此，在女孩的幼儿时期，父母就要有意识地多让孩子搭三维立体积木，并做一些诸如此类的游戏，从而使她的思辨力和理性分析能力得到加强。

此外，女孩生来就具有较弱的攻击性，这也意味着女孩在冒险精神和竞争能力上有所欠缺。然而在竞争日益激烈的今天，拥有较强的竞争力和抗压力已经是必不可少的了，如果一味地顺从他人的意思、听从他人的指挥，就会很被动并逐渐失去自我。所以，在女孩的早期教育中，父母要有意识地培养她们的进取、冒险精神，让她们的竞争能力逐步提高，从而使其在这方面的弱势得到改善。

家长要在日常生活中多加注意女孩的行为，发现她们的喜好和优势，并以此作为挖掘她们内在潜力的基础，充分发挥女孩的优势和天赋，这会对她们的一生产生十分重要的影响。

荷尔蒙：女孩成长的"魔法师"

每个女孩都是大自然的精灵，需要父母给予精心的呵护。在女孩的成长过程中，女性的荷尔蒙发挥着决定性作用，可以这样说，它是女孩成长的"魔法师"。父母要教育好女孩，就要先认识一下女性的荷尔蒙。

从妈妈受孕的时候开始，女性荷尔蒙就激活了女性染色体基因，这些荷尔蒙在女孩出生之前就已经决定了她们的未来。比如，女孩细心、安静、温柔，同时这也让女孩更加敏感，更注重人与人之间的关系。

荷尔蒙，也就是激素，它能对肌体的代谢、生长、发育和繁殖等发挥重要的调节作用。荷尔蒙通过与大脑细胞相联系的受体位置，来告诉女孩体内几十万亿个细胞该做些什么事情。那些受体的位置是特意为荷尔蒙而留的。在大脑细胞里有雌激素受体、孕酮受体、睾丸激素受体，还有其他激素的受体等。荷尔蒙控制着大脑里的神经递质，对身体里的活动产生影响，并进一步控制女孩的情绪、性格、气质等各个方面。这些影响具体主要包括以下一些方面：

她的情绪、语言、说话的速度；她吃多少食物；为了应对考试，她会怎么做；对所喜欢的人，她会有什么感觉；在不使用语言时，她怎样与他人保持联络；她的自尊；她怎样进行自我调整；她的重要情感——如生气、快乐以及痛苦；她的抱负；她的竞争水平；她的进取心等。

此外，荷尔蒙还会对女孩的其他方面产生影响，例如，催乳激素——一种次要的荷尔蒙。这种物质控制着乳腺和泪腺的生长发育和乳汁的分泌，控制着女孩什么时候会哭和哭到什么程度。假如你的孩子动不动就会哭，而且哭起来泪如雨下，那就说明她的催乳激素水平过高；假如你的孩子只是"光打雷不下雨"，那就说明她的催乳激素水平或许有些偏低。

当然，雌性激素只是一个方面，其他激素也会对女孩产生影响。例如，孕激素使女孩更喜欢小女孩和照顾小动物；催产素则会让女孩产生更多的"怜悯之情"，这就是所谓的"母性的本能"。此外，女孩体内也存在着睾丸素，但其水平仅为男孩的1/20，所以女孩表现出较弱的攻击性。

正是因为受到女性荷尔蒙的影响，女孩的心思才会更加细腻，神经才会更加敏感，同时这也需要父母给予她们更多的爱与关怀。因此，父母在教育女孩的过程中，以下几点是需要加以注意的。

1.要同时看到女性特征的优点与不足

女孩的攻击性、冒险性和控制欲不像男孩那样强烈,所以相对来说,女孩子比男孩容易管理和教育,但需要注意:不要认为听话的乖乖女就是最好的女孩。要知道,女孩生来心思细腻,对于一个"心较比干多一窍"的玲珑剔透的女孩来说,如果你不能了解她的内心世界,那么你的教育就很有可能会给她带来伤害。

女孩比男孩更具有预测力和稳定性,也更加谨慎细心、从容稳定。几乎所有的女孩都会认为友谊和家庭比成就和机会更重要。与其说这折射了社会对女性的一种要求,不如说这反映了一种真实的女性生命特征。与男孩的独立和喜欢竞争不同,女孩渴望父母更多的爱、渴望更多的知心伙伴,她们需要在人际关系中获得认可和尊重。所以,父母要教女孩一些交际的技巧,以便让女孩在人际关系中游刃有余。同时,随着女孩的不断成长,也可以让她们了解一些营造温馨家庭的艺术。

2.女孩比较脆弱,要提升女孩的心灵"痛点"

任何一个女孩子心中都有一个理想的关系模型,但实际上往往事与愿违,于是女孩子就很容易受到伤害。比如,父母随意说出的某句话就会刺痛她,给她的心灵造成阴影。

有一位父亲曾把自己瘦弱的女儿形容成"一蹦一跳的小兔子",他本来是想说孩子轻盈灵活的,但在孩子看来,这是对自己的一种否定,结果为此而感到伤心。直到后来爸爸说自己特别喜欢兔子,还在女儿面前学兔子蹦来蹦去,才把女儿哄得破涕为笑。

由此可以看出，女孩具有很低的心灵"痛点"，别人不经意的一个眼神，一句无心的话，都能在她们心中形成阴影。要想提升女孩的"痛点"，就要让女孩子不再那么敏感。具体的方法就是对孩子实施挫折教育，孩子能够经受住挫折的考验了，其心灵"痛点"自然就会得到提高。

3.告诉孩子什么可以妥协，什么需要坚持

因为睾丸激素水平较低，很多女孩子都很容易妥协，性格显得比较软弱。同时，在关系和利益面前，女孩也很容易因为更注重关系而向关系妥协。因此女孩常常会放弃自己的正当利益，但是建立在这种妥协基础之上的关系通常并不可靠，它会使女孩心中理想的关系模型遭到破坏，因此而伤害女孩。所以，父母要让女孩清楚什么是可以妥协的，什么是需要坚持的，当了解了原则之后，女孩就不会再受制于自己的情感，也不会再被自己的情感所伤害。

当然，无论如何，父母的教育都无法改变女性荷尔蒙的本质，但是，父母要尽量对女孩加以引导，使她拥有美丽的人生。

X染色体：决定女孩一生的成长轨迹

究竟是什么决定生女孩还是生男孩的呢？答案就是染色体。提及染色体，就不能不说DNA。平时，DNA在细胞核中的分布是杂乱无章的，但当细胞快要分裂时，DNA便与组织蛋白相结合，形成巨大的染色体。可以说染色体是遗传信息的主要携带者，是遗传基因DNA的载体。根据不同的大小、形态，人类细胞内的46条染色体可以配成23对，每一对都来源于亲代双方，可以将其称为同源染色体。其中第1～22对被称为常染色体，为男女所共有；第23对是一对性染色体——决定女性性别的X染色体和决定男性性别的Y染色体。女孩一生的成长轨迹都是由这小小的X染色体所决定的。

2005年3月17日，英国的《自然》杂志发表了一份研究报告。报告称，从基因的角度来看，女人要比人们想象中的复杂得多，而男人却可以称为一种简单的生物。假如你认识了一个男人，就可以说你认识了任何一个男人。这份报告的作者是杜克大学基因学家亨廷顿·韦拉德博士，他同时还指出："可怜的男人们只拥有45条染色体，而女人的体内则有完完整整的46条染色体，她们可以尽情地展现女性的魅力。而且她们的第46条染色体——性染色体又是一个X染色体，它的存在更让女人们光彩夺目。"

亨廷顿·韦拉德博士和他的合作者劳拉·卡瑞尔都认为，他们的这一发现对于人们了解男女行为、特征差异的原因可以提供帮助。其根本原因并不仅在于她们具有复杂的神经和身体系统，还在于她们比男人具有更复杂的物质基础。研究表明，女性比人们想象的还要难以捉摸，从某种程度来讲，她们的基因的确比男性复杂得多。

英国韦尔科姆基金会桑格研究所马克·罗斯博士指出："从

X染色体的遗传模式、生理特性以及与人类疾病联系等方面来看，人类基因组中最不同寻常的非X染色体莫属。"这恰恰验证了莎士比亚的话："女人不仅和男人千差万别，女人们之间的差别也令人不可思议！女人啊，真是变化无常的动物。"

小小的X染色体，不仅可以决定女孩的性别，还可以决定女孩一生成长的轨迹，这是一件多么奇妙的事情。当然，在女孩的成长过程中，X染色体还要得到雌性激素的"帮助"。正是在雌性激素的共同作用下，女孩才表现出很多不同于男孩的特质——在青春期出现第二性征并最终成为一个成熟的女性。在现实生活中，我们大都对女孩有"安静、乖巧"的印象，她们通常表现得都很文静、懂事。同龄的女孩比男孩要听话得多，她们在学校里是好学生，在家里也是乖乖女。大部分女孩都喜欢与人交往，很快就可以融入陌生的新环境中。一般女孩都会有很多朋友，她们也很会讨父母和老师的欢心。

除此之外，X染色体不仅强化了女孩这些与生俱来的女性特征，而且使女孩拥有不少天生的弱点。例如女孩一般都很敏感、爱哭鼻子；胆子很小，不敢一个人睡觉；性格一般都很软弱，比较容易妥协；很看重朋友，总担心小伙伴和她关系不好……女孩拥有这么多弱点的原因就在于X染色体"比较合群""不热衷隐居生活"。正因为如此，女孩才十分在意人与人之间的关系，担心自己与别人处不好，所以她们常常不会坚持自己的观点，委曲求全。于是她们身上那些胆小、软弱、敏感的弱点便会暴露出来。

认识X染色体，可以使我们对女孩有一个更好的了解。正是由于X染色体的存在，女孩才那么看重别人如何评价她，关心爸爸妈妈是否爱自己。因为在女孩看来，这些是衡量自己与爸爸妈妈之间关系的标准。假如女孩认为爸爸妈妈不爱自己了，她的内心就会产生一种强烈的不安全感。假如一个女孩长期受到这种不安全感的困扰，她的心理就会受到很大的影响。女孩的这个特点，需要家长们为她提供一个充满安全感、精神"富足"的环境，这样才能使她们的内心感到幸福和安宁。

女孩比男孩更渴望父母的关注

母亲对女孩影响可谓最大，她们对女孩的成长教育也最为重视。有一项调查表明，不管一个人喜不喜欢自己的性格，其中的80%都来自于母亲的影响。因为母亲和女孩相处时间最长，对女孩可以产生最大的影响，特别是在幼年时期至性格形成的青少年时期。

女孩最害怕被父母"冷落"，特别是妈妈的冷落。精神上的满足是物质所无法替代的。与物质相比，女孩更需要妈妈对她精神上的关注。那么对妈妈来说，该如何给女孩积极地关注呢？

1.关注日常生活

在日常生活中，需要重点关注的是女孩的营养、运动和睡眠。这三项基本要素是儿童体格和大脑发育的基础。儿童每天都需要摄取足够的蛋白质、维生素和微量元素，同时还要保持营养的平衡。另外，不能忽视儿童运动和睡眠的不足。儿童如果缺乏营养、运动和睡眠，不仅会影响其体格和智力的发育，也会对其心理和社会功能的发育产生影响。所以，父母应该时刻关注女孩的日常生活，保证她有充足的睡眠、充分的运动和平衡的营养。

2.重视家庭的环境

对女孩的成长来说，和睦、充满活力的家庭是最重要的环境和条件。作为妈妈，必须清楚自己的人格、修养、胸怀会对女孩成长造成什么样的影响，要努力创造一种和谐的家庭氛围，让女孩充满安全感，为女孩的健康成长打下良好的基础。

3.注重女孩社会能力的培养

从幼儿时期开始，就要为女孩提供与其他女孩一起玩耍的机会，让她学会自己结交朋友，并能维持友谊，这种经历对一个女孩来说是非常重要的。父母要帮助女孩学会建立和培育友谊。学会与其他小朋友建立友谊是儿童早期的一项重要任务，对儿童各种能力的培养有着深刻的影响。除此之外，从幼儿时期开始，在培养社会能力时还应该注重女孩的责任心、创造力、合作精神和自强性格的培养。

4.经常聆听女孩的倾诉

在家庭教育中，父母要给孩子倾诉的机会，要善于聆听孩子的倾诉，只有这样才能明白孩子的真实意图，孩子才能感受到父母的关怀。所以，父母只有善于倾听，真正学会从孩子的倾诉中感受和把握孩子的喜怒哀乐，真正了解孩子的所思所想，才能了解孩子的真正意图并分享孩子的快乐，为孩子的进步而高兴，为孩子的成功而喝彩；才能有效地消除孩子的烦恼，赢得孩子的宝贵友谊。

女孩较敏感，多给她拥抱

与男孩比起来，女孩的触觉、感觉、味觉、嗅觉、听觉都要敏感得多，尤其是触觉。一般来说，女婴通常是通过父母拥抱自己的次数来判断自己的重要性的。所以，多给女孩一些拥抱更能让她感受到快乐。

与语言相比，拥抱常常能更好地传达父母对女儿的疼爱之情，一个能够经常得到拥抱的女孩，总是显得比其他女孩更加聪明、活泼。这是由于身体的刺激激活了女孩子大脑的思维细胞和体内的基因链，让她的每一种生命功能都得到了最大程度的发挥。所以，身为家长，请多给你的女儿一些拥抱，但同时也要注意以下几点。

第一，在孩子降生的头两年，是否每天与婴儿进行身体接触，关系到此后父母能否与子女建立良好的关系。在大人温暖的怀抱中，女婴能感受到温馨与舒适，她可以将自己的能量用在最需要的地方——调整自己的呼吸系统和消化系统，使其正常运作，这对于很多孩子来说并不是一件容易的事情。所以小时候经常受到拥抱的孩子通常会比其他的孩子更健康。

第二，即使自己的孩子已经长大，拥抱也是不可缺少的。随着孩子的不断成长，拥抱对于父母来说变得有些困难，因为父母总要显示自己的权威，很多父母认为拥抱会让自己丧失威严。实际上这是一种错误的认识，长大一点的女孩子同样希望得到父母的拥抱。拥抱有助于父母与孩子顺畅地沟通，有时候，千言万语比不上一个深情的拥抱。这样深情的拥抱应该每天都要有。

第三，大一点的女孩子尤其需要母亲的拥抱。当女孩到了青春期，第一次经历生理周期很可能会让她惊慌失措，甚至产生一种羞耻感。这时，母亲的拥抱对女孩来说是最有效的安慰剂。女孩能从温暖的怀抱中找到勇气，摆脱惶恐与不安，此时的安定更可以让她有勇气战胜自己日后的坏情绪。

当然，处于这一时期的女孩也需要父亲的拥抱。当女儿长大之后，很多父亲都会感到无所适从，女儿生理上发生了很大的变化，父亲们不愿意与女儿发生过多的身体接触，这样一来，幼年时期建立的父女关系，就在这时候开始逐渐淡化。然而，对于不断成长的女儿来说，她并不知道父亲是因为自己长大了才会出现这种变化，她反而会觉得父亲不再愿意关注自己了。

医学专家曾经指出，这时候是女孩的一个危险时期，很容易出现心理问题，她们经常为了维护人际关系而委曲求全，甚至违背自己的本性，使自己变得面目全非。如果她们所尊敬的父亲的态度发生了改变，那么，她们就会产生极大的失落感，进而也会对自己感到失望。所以，这时父亲更应该给自己的女儿以拥抱，并告诉她：你现在已经长大了，我为你感到骄傲。

第四，把拥抱延伸开去。实际上，还有其他许多亲密的动作都具有拥抱的意义，只要父母多加留心，对女儿充满爱心，就可以让女儿感受到自己的爱。比如，对女儿说一些甜蜜的话语，多多注视女儿的眼睛，倾听她、欣赏她，让她分享你内心的情感。

拥抱是父母将爱传递给女儿的最好的礼物，它还是一种沟通方式，可以保证两代人的感情得以顺畅地沟通。因此，身为父母，千万不要忽略了拥抱这一个重要的环节。当孩子难过时给她拥抱，当孩子沮丧时给她拥抱，当孩子高兴时给她拥抱，这样才会让孩子建立自信，感受温情。

第二章

家有公主,培养女孩的优雅气质

不说脏话，不干出格的事

你有没有过这样的经历？我们越不让孩子做什么，她们就偏偏喜欢做什么。比如我们不想孩子吸烟喝酒，她们就偏偏做给我们看。我们不希望孩子满口脏话，她们就非要说给我们听。也许，你会说，叛逆期的孩子都这样。如果你这样认为，那就大错特错了。俗话说，养成好习惯难，改掉一个坏习惯更难。如果我们把这些都解释为叛逆期惹的祸，我们就可以不用费尽心思地管孩子了，这是教育的一大误区。孩子之所以会这样做，是因为她们没有树立正确的是非观。

"我家孩子刚上初中没几天，什么都还没有学会，坏毛病倒添了不少，现在她几乎一张口就带脏字、动不动就会骗我，你说这是怎么回事呀？"

一个妈妈这样问我。为此，我问了很多孩子，问她们为什么总是说脏话，没想到她们竟这样告诉我："说话时带脏字是一种潮流，如果有谁说话时一本正经，就会被人嘲笑为'土老帽''假正经'。"

十几岁的孩子是最爱赶时髦的，但当她们把说脏话也当作一种时髦时，这说明她们的是非观存在严重的问题。在这种观念下，她们不会觉得说脏话有什么不雅，更不会因为自己说脏话而感到难为情。所以，要想改掉孩子的这些坏毛病，家长先要让她建立正确的是非观。

孩子的是非观,需要我们适时引导。孩子说脏话,家长不在意;孩子说谎,家长还不在意,在这样的家教环境中,孩子就会变得为所欲为,而到那个时候,家长想后悔都来不及了。因此,从现在开始,不管孩子的坏习惯有多么顽固,家长都要态度坚决地帮助她彻底改掉。

每个孩子都可能会犯错,关键是,面对孩子的错误,我们应该怎样做呢?

一次,孩子带同学来家里玩。在她们聊天的时候,我无意间听到孩子每说一句话都会带脏字,但当着孩子同学的面,我什么都没说。等客人走后,我把孩子叫到面前,严肃地对她说:"你跟同学说话时怎么老是说脏话呀?妈妈是怎样教你的?"

"妈妈,我们班同学都这样说话。"

"我不管别人怎样说话,我只知道,我优秀的女儿不能那样说话!"我坚决地说。

见我没有完全否定她,孩子没说话,但低下了头。"你是不是觉得妈妈太苛刻了?就这么点小事还干涉你?"为了彻底解决问题,我问女儿。

女儿点了点头。

"说脏话是很不好的习惯,一个人的前途很有可能就毁在一个坏习惯上面,更何况说脏话已经上升到道德的高度。你不希望自己是个道德败坏的孩子吧?"我耐心地给孩子讲着道理。

那天以后,我再也没听到女儿讲脏话。

坏习惯永远都是孩子成长的障碍,对于还没定型的孩子来说更是如此。帮助孩子树立正确的是非观,让她们知道什么是美的,什么是丑的,什么是正确的,什么是错误的,对孩子的一生都有帮助。

人非圣贤,孰能无过。每个人都会犯错,大人都不可避免,更不用提孩子了。当孩子犯错的时候,家长要给孩子多一点的宽容和耐心,少一点严厉和打骂。打骂孩子只会让孩子更加恐惧,更加不敢告诉家长事实的真相。相信孩子,给孩子一次自省和补救的机会,让孩子记住这次教训要比打骂有用得多。作为家长,不妨放下你的威严,放下你手中的棍棒,耐心一点,使得孩子认识到自己犯的错误。

文明礼貌:家长要做好榜样

文明礼貌反映了当今社会人与人之间互相关心、互相尊重的友好关系,也反映了公民自身文化修养的水平。《中小学生守则》《中小学生日常行为规范》都明确地规定了中小学生的文明礼貌行为,各地还相应制订了中小学生礼仪常规,对这些规定家长都应督促孩子认真遵守。少儿时期是行为习惯形成的重要时期,家长应抓住这一有利时机,及早把孩子培养成讲文明、懂礼貌、有教养的好孩子。

家长首先要教孩子学会礼貌用语:

对父母、老师和其他年长者要称呼"您",不能直呼其名;

请求别人帮助时,要用商量的口吻说"请""劳驾",而不能用"喂""哎"呼之;

当得到别人的帮助时,要说"谢谢",而不能认为这种帮助是理所当然的;

当别人感谢时,要说"别客气",而不能以"恩人""功臣"自居;

当妨碍了别人或给别人带来麻烦时,要说"对不起""麻烦您了""请原谅",而不能不表示歉意,更不能说"活该";

当别人赔礼道歉时,要回答"没关系"或"不要紧",而不能得理不让人,更不能不依不饶、无理取闹;

在街头巷尾碰到同伴、长者,要说"您好",而不能低头侧身装作没看见;

与别人分别时要说"再见",而不能只顾自己走开,毫无表示。

文雅的谈吐必须与得体的举止相匹配。因此,家长在教会孩子使用礼貌用语的同时,还应坚持不懈地培养其得体优雅的举止。

需要让孩子知道并遵守的行为规范有:

站立时挺胸收腹,双肩平放不摇晃,两臂下垂不揣兜,腿部不颤动;

遇到熟人要打招呼;

遇到有人问路,要热情地告诉他;

进入别人房间,要先轻轻敲门,得到允许后方可进去,不能随便推门进入;

到别人家拜访要预先通知,并注意时间,一般不在吃饭和午睡时间去,尽量避免妨碍人家的正常生活;

夏天不赤胳膊或穿短裤去串门,任何季节都不能身着内衣或睡衣到别人家,或在家这样子接待来访客人;

客人来访时要主动让座,倒茶时要双手捧上,会客时坐姿要端正,不要左靠右歪,双脚不要叉开太大或跷"二郎腿",也不能随意摇摆或晃动;

与人谈话时,不挖鼻孔、抠耳朵、剔牙齿、搔痒痒、脱鞋袜、抠脚趾;

在别人家做客,不乱翻人家的橱桌抽屉和书籍、用具,不随便吃人家的东西;

就餐时,不在客人和长者之先动筷,不在菜盘中翻拣,餐具要轻拿轻放、减少碰撞,吃东西时不发出很响的咀嚼声;

动用他人物品,必须先经他人允许;

不随便打断别人的讲话、打扰他人学习、工作和休息,妨碍别人时要道歉;

在公众场合,咳嗽、打喷嚏、吐痰需要用手绢或卫生纸掩住口鼻,不能冲着别人。

为培养孩子形成文明礼貌的言谈举止,家长要给孩子做榜样,起码在上述方面给孩子以示范。

培养女孩的日常社交礼仪

日常交往是培养孩子礼仪的绝好机会。生活中的你来我往是必不可少的,当有客人来访,或到别人家做客时,家长就可以利用这种机会培养孩子的礼仪习惯。节假日是人们交往的密集期,也是对孩子进行礼仪教育的最佳时期。

有客人时,家长要引导和鼓励孩子亲切、主动地和客人打招呼。在客人的夸奖声和递过来的一包糖果或一件玩具中,孩子会认识到这的确是一种乐趣。客人进屋后,可以让孩子做些简单的招待工作,如招呼客人坐下、给客人倒茶水等。在大人谈话时,要让孩子明白安静地做自己的事才是乖孩子,来回走动和随便插话是对客人的不尊重。

当有小客人时,大方地拿出玩具和小客人一起玩,会让小客人格外开心。

客人走时家长可以领着孩子送客人一段,家长可以和孩子说:"和××说再见,有空再来!"即使是家长教孩子说的,从孩子嘴里说出来也会令客人感到快乐。在这样的耳濡目染之后,孩子一定会成为一个有礼貌的小主人。

领着孩子去别人家做客,让孩子在回访中体验礼貌地回应是很实际的礼仪练习。在家长指导着孩子按了门铃之后,要和孩子在门口安静地等待直到主人开门。进门后,家长要引导孩子在问好之后主动把脱下的鞋子排整齐。当孩子受到招待时记着让孩子说声"谢谢"。

孩子的天性就是好奇，在陌生的环境中更是如此，告诉孩子随便乱动别人的东西是不礼貌的，如果想玩玩具或看书，一定要经过主人的同意。在自己玩时记住不要打扰大人谈话，玩过之后，记着让孩子把东西放好。

接听电话是透视一个家庭是否具有礼仪的一个窗口，所以要借助这一载体，适时地对孩子进行礼仪教育。

教育专家提出了九条基本礼仪要求，可供家长们在教育孩子时借鉴——

（一）孩子接电话的时候要学会说"你好""请问""请等一下"这样的礼貌用语。

（二）接电话时声音要放轻一些，不要在电话中大声嚷嚷。

（三）接电话时要有问有答，回答问题时要大方，不可以长时间不回应对方的问题，也不要在不知如何回答时，把电话一扔跑到别处去。

（四）大人打电话时，孩子不要在一旁插嘴或抢话筒。

（五）打电话时要先报上自己的名字，并说明要找的人。

（六）不要一边吃东西一边接电话。

（七）挂话筒时，要轻拿轻放，不可以摔话筒，或重重地挂电话。

（八）接打电话时，要学会说"再见"，然后再挂电话，不要只管自己讲完就挂电话。

（九）要注意打电话的时间，通话时间不可太长，也不要选择太早或太晚的时间打电话，以免影响别人的休息。

为孩子挑选舞蹈特长班

舞蹈起源于劳动,与文学、音乐相伴而生,是人类历史上最早产生的艺术形式。

舞蹈活动不仅可以培养教育对象具有健美的身体姿态,动作的协调、灵活,富有节奏感和表现力,而且可以丰富、抒发、表达情感,起到良好的健身、健心作用。舞蹈对人们(表演者、欣赏者)的心态、生理、情感、品德等多方面都能起到潜移默化的促进作用。

如何为孩子挑选舞蹈特长班?

第一,掌握孩子的真实舞蹈水平。

对此,给家长介绍两个简单的方法:第一,自己目测一下孩子腰腿的软开度。测试腰时,因为孩子从未学习过舞蹈,一定要用卧式来测试;测试腿时,可采用坐式来测试。第二,给孩子一段音乐让她自由起舞,观察她的节奏感、表情和动作协调性。掌握了自己孩子的这些基本信息后,家长要再听听孩子的意见,有必要时去请教一下学习舞蹈的专业人士,然后再决定给孩子选择哪种类型的舞蹈特长班。

第二,对几个舞蹈特长班进行比较。

多作比较,自然就会有一个准确的评价。学习任何一项学科,启蒙都是最重要的。家长有必要多考察几个特长班,并同老师及学生家长进行交谈,为孩子选择具有启蒙性质的舞蹈特长班。

第三，不妨先试课。

有的特长班提倡透明教学，家长可以先带着孩子体验一下，看看教师的教学风格是否适合自己的孩子。这主要从两方面来观察：

（一）要看该教师上课是否正规。舞蹈课不是教师想怎么上就怎么上，而是每堂课都应有固定的套路。此外，一般舞蹈课的顺序是基础训练—技巧训练—表现力训练—新课教学，当然各个年龄段的班的教学内容是不一样的，前两项一般家长是看不出好坏的，家长关键要看的是教师在教舞蹈表演时是否认真、讲的语言孩子是否听得懂、教师是否跳得好。有好多孩子学了一两年舞蹈了，竟然跳不出来一个完整的舞蹈，这是因为有的教师为了不累，一堂课的大多数时间都是让学生练基本功和技巧，只有快下课时才领学生简单地学习一些舞蹈的小组合。这样的舞蹈班当然是不能选的。

（二）要看教师的专业素质和人品。有的老师自己跳得很好，可是根本就不会教或不用心教，所以家长领孩子试课时要看教这个班的老师语言表达能力和组织课堂的能力。当然，教师的表演能力也很重要，老师跳得好，学生模仿起来效果也会更好。

给女孩接触音乐的环境

音乐是一门灵动的艺术，更是一门情感的艺术。音乐的世界丰富多彩，人类任何复杂的情感都可以在音乐中找到相似的感受。音乐可以陶冶学生的情操，启迪学生的智慧，激发学生对美的爱好与追求。

音乐能够开发儿童的智力。美国加州大学的科学家证实，接受音乐训练的儿童的智商明显高于其他同龄儿童；日本幼儿开发协会证明，给孩子听《莫扎特小夜曲》能使他们更加活泼聪明；美国国会议员及世界五百强企业的高级主管中，近90%在幼年受过音乐教育。

另外，音乐还有助于促进孩子智力的发展和提高，并对其一生起到潜移默化的深远影响。倾听音乐可以发展孩子的感觉和知觉，提高对于节奏、音色、音高、力度等的辨别力，提高对于旋律、情感和音乐结构的感知，而感知的发展是孩子提高学习能力的基础。同时，音乐有助于增强孩子的记忆力。在不断倾听、感受、理解和表现音乐的过程中，孩子的注意力、想象力和创造力也会得到锻炼和发展。

如何让孩子接近音乐？

第一，让家庭沐浴在音乐中。

当我们去一家好的餐馆时，我们注意到由于音乐的围绕让室内有了不一样气氛。同样我们也可以通过添加音乐，使我们的家庭变得更加温馨。同时，在家中播放一些音乐作为背景，相当于让孩子在无意中上了一堂音乐课。正如孩子小时候不懂得她们周围交谈的内容，她们或许同样不懂得周围的音乐，而这种方式恰恰可以让她们在潜移默化中领悟音乐的要素，并将这些要素融入到她们的理解中。

第二，和孩子一起聆听音乐。

就像阅读时我们需要精读一些文章，也需要泛读一些文章，听音乐也是一样。"让您的家庭沐浴在音乐中"便是"泛读"的过程，而"和孩子一起聆听音乐"是指集中注意力与孩子一起欣赏音乐，可谓是"精读"的过程。

挑选一些您真正喜欢的音乐，尽量挑选一些短小的，和孩子一起听，并共同探讨。讨论各自喜欢音乐的什么地方，它使我们有什么样的感受，它是什么颜色……把你们对音乐的感受表达出来，不必担心是对还是错、音乐术语是否准确，或别的什么东西。家长要努力向孩子传递这样一种信息：我热爱音乐，并想和你一起分享。

第三，和孩子一起感受现场音乐。

对于喜欢音乐的人来说，没有什么可以和经历、感受现场音乐相提并论。演奏者及他们的乐器、观众、灯光等，都是这一盛事的一部分。这些足够使孩子们激动不已。

所以，如果孩子已足够大，就应尽力时常带她去参加音乐会。

带女孩多见见世面

请看两个教育故事：

第一个故事：

第二章　家有公主，培养女孩的优雅气质

杜琴是一个挺聪明的女孩，可就是不踏踏实实学习。老师和杜琴的父母给杜琴作过多次思想工作，杜琴都听不进去，仍然我行我素，想学的时候学一会儿，不想学就把学习的事儿扔到脑后不管了。

然而，初一暑假结束回学校后，杜琴仿佛变了一个人，不再像以前那样爱玩了。现在不用谁在旁边督促，杜琴都会自觉地学习。是什么使得连老师、家长都无能为力的杜琴转变了学习的态度呢？在老师的追问下，杜琴说："暑假父母带着我来了个全国城市游，每到一个城市，父母都会带我去参观当地的大学，并给我作详细的介绍。旅游回来，我感到我的思想成熟了许多，原来外面的世界那么精彩，原来大学是那样的神圣，我在心里告诉自己以后一定要到高等学府去深造。而要考上大学，我从现在起就得好好学习。"

第二个故事：

瑾妍是一个爱计较得失的孩子，利用假期，父母带她到山区农村去体验生活。回来之后，这个孩子在日记上这样写道："看到全国还有那么多的孩子上不起学，我觉得自己学习的机会真的很可贵。看到全国还有那么多的人生活在痛苦之中，我自己的那些小利益又有什么值得计较的？我要努力让自己快点成长，长大后我一定要为那些贫困地区的人们贡献我的一份力量。"

随着孩子已慢慢长大成人了，思想也渐渐趋于成熟，对任何事都开始有了自己的想法。带她去旅游，她在开阔视野的同时，也会像事例中的这两个孩子一样，积极地进行人生思考，并在此基础上树立自己的人生目标。不得不说，这真是一个加快孩子成长脚步的好方法。

如果有条件，家长要多带孩子出去旅行，旅行除了可以开阔孩子的视野之外，还会让孩子收获很多课堂以外的知识。

第三章
不娇不宠,塑造女孩的完美性格

不要给女孩太多的限制

在中国的家庭教育中，存在着一个奇特的现象：一方面，对孩子十分溺爱；另一方面，对孩子又极为专制。对女孩的教育更是如此：一方面，女孩比较娇贵，于是对其"娇生惯养"；另一方面，又怕女孩受欺负，于是对其提出种种束缚性要求。

一位教育专家在给小学六年级的学生做一个关于青春期的讲座时，向孩子们问道：如果可以重新选择一次自己的性别，你会作出什么样的选择？结果，大约有3/4的女生选择了做男生，她们作出这样选择有各种各样的理由，但其中最重要的一条就是做女孩子受到的束缚太多了。在这里，可以说性别成为一个潜在的标签：男孩可以拥有更多的自由，受到更少的限制，而女孩应该更收敛、更谨慎、更乖巧。或者可以说，成人对男孩的限制比对女孩要少很多。这样，这个标签就如同一副无形的枷锁，对女孩自由成长的天性构成一种束缚。

要想让女孩学会爱自己，父母就不能给她们过多的限制。因为，一个充分肯定自己性别的女孩，一个充满自信的女孩，才有能力做最好的自己，将来才能成为一个合格的妻子，一个温柔的母亲。那么具体来说，父母需要怎么做呢？

1.不要用淑女标准给孩子过多的限制

这里并不是反对让女孩子接受淑女教育，但是所谓的淑女教育是一种关于礼仪、气质和精神方面的教育，而不是"小女孩就应该干干净净，千万不要把衣服弄脏了"或者"女孩子不适合去踢球，还是不要去了"之类的教育。

请家长朋友们记住，要积极鼓励女孩去做她自己想做的事情。想要装扮成牛仔？可以！如果她还没有进入工作的空间，那么她就有权利选择自己的形象，不要刻意把她培养成"琼瑶式"的美女——温柔懦弱，哭哭啼啼。

2.不要阻止女儿对世界的探索

孩子是通过自己的不断探索而成长的。她会在探索中学习、创新并取得进步，如果家长将她探索世界的道路切断，无异于堵住了她学习的大门。相信任何一位家长都不会希望自己的女儿成为一个一无所知的人。如果你不再相信"女子无才便是德"的古代传统教育，就请你就不要阻止孩子去探索世界，别让你的孩子日后成为一个懦弱的胆小鬼，对任何事情都充满恐惧。

3.不要强行塑造孩子

强行塑造孩子是一种简单而粗暴的方法，是一种硬性灌输的填鸭方法，是一种输血不造血的培养方法。

比如，目前家长都会让孩子参加一些兴趣学习班——钢琴班、书法班、乒乓球班、游泳班……假如孩子对此丝毫不感兴趣，父母就不要再勉强其去学习，不管在你眼里这件事具有多大的价值，如果孩子不认可，那就没有多大意义。家长应注意激发孩子的兴趣，不要采取强硬的态度，以免使孩子的积极性受到伤害。

对于女孩的家长来说，要充分认识到，应该避免用烦琐而过度的约束使孩子的习惯固定化，把孩子造就成一部不会自己思考的机器。应该尽量给孩子成长的自由，这样才不会让孩子的灵性丧失。

出色的雕塑家不是依据自己心中的模型来进行雕塑的，他们先要看材质如何，按照材质的不同顺其自然地进行雕塑。父母对女孩的教育也应该如此，顺其自然，让女孩自然发展，给她足够的自由和独立性，尊重她的个性，研究她的特性，创造必要的条件，并对她的思维和行动加以合理的引导。

女孩为何那么爱缠人

俗话说："女儿是妈妈贴心的小棉袄。"这不仅是因为女孩细心，同时也是因为女孩最缠着妈妈。贝贝一直是个十分缠人的女孩，特别是妈妈送她去幼儿园的时候，她每次都缠着妈妈不让离开，总会想方设法多跟妈妈待一会儿。不仅如此，即使在家里，贝贝也喜欢扎到妈妈的怀里，缠着妈妈。晚上睡觉前的故事讲完了，她也不想睡，一会儿说怕黑，一会儿又说喝水，始终不肯让妈妈走。妈妈起初对此也没太在意，但后来幼儿园老师询问："贝贝在家也这么缠人吗？她如果对你一直这么依赖的话，难免会影响她日后的独立性。"这时，贝贝妈妈才意识到问题的严重性。

第三章　不娇不宠，塑造女孩的完美性格

1.女孩总爱缠人的原因

其实，女孩缠人有一定的心理原因。首先可能是感情匮乏的表现。在婴儿的行为中我们可以清楚地看到这一点，婴儿啼哭不仅是由于肚子饿，有时看到大人从他身边经过却没有抱他，也会嗷嗷大哭，其目的在于引起人们的注意，让你赶快抱抱他，这是一种感情需要。女孩在很小的时候就知道被人关注是一种美好的感觉，但有时女孩会产生一种误解，认为只有得到大人的关注才可以证明自己的存在。所以女孩缠着大人要这要那、调皮捣乱，想引起大人的关注。这种心理在独生子女身上表现得尤为明显。当有人陪伴左右、有事可做的时候，女孩并不缠人；当无人陪伴她、无事可做的时候她就会感到孤独，就会因渴望受到大人的关注而缠人。

其次，这可能是一种心理依赖。个性鲜明、活动力强的女孩一般都不会缠人。相反，那些娇生惯养、一切都被父母安排妥当的女孩，离开了父母就无法生活。这种依赖性在情绪上的体现，就是围着父母胡搅蛮缠，这时如果遭到父母的责骂，反而会安稳下来。这种情况可以看作女孩行为的不独立、内心的不安情绪的一种发泄。父母的责骂反而使她的焦虑转移了，情绪也得到了稳定。另外，女孩越是自卑，越容易缠人。

再次，这可能是由于家庭成员的态度不一。女孩一般会缠着宠爱她的、态度暧昧、容易妥协的人。因为经验表明，这些人总是在责骂之后又去满足她提出的要求。能否从根本上纠正缠人的行为取决于对其个性的培养。缠人表示女孩无法自立，情绪不

稳定，要想改变这种个性，就不要给她过分的保护，而要注重她自立能力的培养，多让她自己拿主意，并尊重她的选择。这样，她反而会对自己的决定负责，不会再整天缠着你让你帮她干这干那，也不会提出无理的要求。

2.面对缠人的女孩，家长该怎么办

面对这样缠人的女孩，家长该怎么办呢？

第一，让她做点儿家务活。如果父母在做家务时被女孩缠住，可以尝试让她和自己一起来做家务。如此一来，既陪伴在孩子左右，又可以培养她热爱劳动的好习惯。

第二，让她学习自己把握时间。当你忙着的时候，她突然跑过来打断你，非要你跟她一起玩，这时可以安抚地轻轻拍拍她或者给她一个拥抱，然后再拒绝她的要求。这是一个不可或缺的肢体动作，因为这样可以让女孩知道，你虽然不能陪着她，但并不是因为你讨厌她。父母要学会引导女孩自己去做事情打发时间，而不是一直缠着父母不放，可以教女孩阅读童话书、玩玩具、开辟自己的小天地等。

第三，父母自己不缠着女孩。要使女孩不缠人，父母首先要做到不要在情感上过度"依赖"女孩，这是非常重要的。有的父母总是抱怨孩子在自己很忙的时候缠着自己不放，但身为父母也要仔细想想，自己是否也经常想让孩子陪伴在自己身边呢？如果父母对孩子也有很强的感情依赖，亲子双方都缺乏感情独立，那么父母更要从自己入手，来使这种严重依赖的不和谐关系得到改善。

第四,让女孩不再有孤独感。如果女孩与父母的感情交流不够,因孤独而缠人的话,就需要父母从两方面去做。一是要尽量安排出时间与孩子沟通,增加感情的交流;另一方面是引导女孩学会自己学习、游戏,使女孩感情逐步独立起来。假如女孩缠人的目的在于得到某种好处,就要视情况而定了,合理的要求一定要满足,过分的一定要坚决拒绝。

娇养,不等于娇生惯养

娇养与娇生惯养这两种教育是完全不同的。"娇着养"是给女孩的真正而理智的爱。而娇生惯养则是一种溺爱,对女孩来说无异于一种"毒品",尽管看起来十分香甜,但实质上却像毒品一样,对女孩的成长产生不良影响。

在现代社会中,很多父母都对自己的女儿娇着养。有的父母可以很好地运用这种方式,可以做到娇养有度,对女孩的不合理的要求敢于说"不"。然而,有的父母却有一种错误的观点,认为娇养就是要娇生惯养,无论什么事情都要顺着女孩。这是一种很可怕的想法,对女孩的成长也是非常有害的。父母对女孩娇生惯养通常可以从以下两个方面表现出来。一种是视女孩为掌上明珠,处处姑息迁就,尽最大可能地满足女孩的愿望和要求,对她百依百顺。在有的父母看来,只要无限地满足女孩的物质需要,就是给予女孩无限的爱,而实际上,这种爱是不理智的。另一种是不让女孩接触她力所能及的事，不注重培养女孩的独立性，无论什么事情都为女孩打算好，不让她承担任何家务劳动，父母为她包办一切。这种做法无形中使女孩丧失了能力发展的机会，降低了她的独立性与自信心，限制了她的自我发展。

娇生惯养的家庭教育方式很容易让女孩的心理在日后不能得到很好的发育。女孩由于受到父母的溺爱，慢慢就会养成一种"以自我为中心"的心理定式，进而变得"刁蛮""任性""拔尖强上"，形成偏执的人格，不能克制自己，也无法尊重他人。此外，父母对女孩的娇生惯养还会使她失去亲力亲为的机会，这样女孩难免会变得懦弱、胆小、娇气，经不起挫折，受不得委屈。

著名的教育家马卡连柯曾经说过："家长们动不动就说，身为父亲和母亲，一切都以孩子为出发点，一切都是为孩子着想，可以为他牺牲一切，甚至可以将自己的幸福置之度外。这实际上是父母送给孩子最可怕的礼物了。娇生惯养是父母为女孩种下的一粒有毒的种子。"

娇生惯养的女孩，在面对失败、挫折、意外打击时的心理承受力一般都很差。从表面上看，这种女孩个性张扬，其实她们的内心非常脆弱，不堪一击，表面上是一只完好无缺的蛋壳，只要稍微一捏就会变成碎片，这在心理学上正是所谓的"蛋壳效应"。一旦没有了父母的保护，这种女孩就很难适应艰难的环境，受到一点挫折就会承受不了。

娇生惯养如同洪水猛兽一般吞噬着女孩的意志力、抗挫折力、勤劳节俭和温厚孝顺的美德、艰苦奋斗的精神以及独立自理的能力，对女孩的成长产生严重的影响。教育家克鲁普斯卡姬曾经说过："父母仅仅简单地给孩子爱是不够的，还要学会如何爱他们。"所以，父母一定要学会科学地养育女孩，做到爱之深而不溺，爱之热烈而理智。具体来说，父母可以从以下几方面去做。

1.对女孩尊重有度

在处理与女孩的关系时，父母所扮演的角色，需要是女孩的知心朋友，也要是一名严格的长者，只有合理拿捏其中的分寸，才能教育好女孩。

彤彤的爸爸拥有很新的教育观念，他和女儿如同朋友一样亲密无间。他的做法是让女儿直接称呼自己的名字，许多事情都要询问彤彤的意见，而且还尽量采纳她的意见。他始终觉得，只有这样做才能表示自己对孩子的尊重。但让他没想到的是，才几岁的彤彤因此变得格外任性，一切唯我独尊。

当彤彤的爸爸对此有所认识的时候，父女之间的冲突已经达到了无法化解的程度。有一次，两人之间的冲突又爆发了，最后爸爸实在忍无可忍，抓住彤彤出手打了她。彤彤立刻哇哇大哭起来，因为她搞不明白，为何平日里与自己亲如朋友的爸爸，突然变得如此凶狠，竟然会动手打自己，她感觉自己受到了莫大的伤害。

这是一个过犹不及的典型例子。父母过于尊重女孩，就会演变为没有原则的妥协；如果尊重不足，就会随时产生冲突。那么，如何才能做到适度的尊重呢？父母要取得女孩的信任，这样她才会向你敞开心扉，同时又遵从你的一些决定。家长制的权威是要不得的，你可以用委婉而温和的态度向女孩提建议："如果我是你，我就会……"女孩听到这样的话就会感觉自己受到了尊重，也比较容易接受父母提出的意见。

2.学会对女孩的要求说"不"

现实生活中，如果女孩提出的要求非常过分，父母一定要坚决反对。父母的拒绝会让女孩体会到规矩的威力。否则，如果父母满足女孩提出的一切要求，她的欲望就会无休无止。

小红生性活泼可爱，但就是有点贪心不足。父母一旦答应她一件事，她就马上变本加厉。有一次，她要买书，爸爸就满足了她的要求。可谁知她拿上手里的这本，又看上了另一本，爸爸不想让她不高兴，便又给她买了。当他们出门的时候，小红仍旧闷闷不乐。爸爸问她原因，她说："爸爸不好，才给我买两本书！"类似的情况经常会发生，慈爱的爸爸经不起小红眼泪的攻势，大部分情况都会选择妥协。结果，爸爸越妥协，小红就越得寸进尺，以至于后来，小红几乎总是泪眼汪汪的，因为世界上有很多事情是爸爸无法做到的。

在《爱弥儿》一书中，法国著名启蒙思想家卢梭对为人父母者说过这样一段意味深长的话："你知道怎样做会使你的孩子感到痛苦吗？这个方法就是对他百依百顺。因为有种种满足他欲望的便利条件，所以他的欲望将会变本加厉、无法遏制。结果，终究会有一天，你会由于自己的能力所限迫不得已而拒绝他。突然遭到拒绝，他的痛苦将比得不到他所希望的东西还要强烈。"因此，父母一定不要对女孩百依百顺，要学会对她的要求说"不"，这样，女孩以后再提出自己的要求时就会慎重很多。而且，父母有限度地满足女孩的要求也可以模仿社会和周围环境的一种基本态度，女孩在父母这里学会适度地提自己的要求和控制自己的欲望，长大后就可以更容易地与他人交往。

3．"淡化"父母的爱

随着女孩不断长大，父母要懂得逐渐"淡化"自己的爱，逐渐拆除挡在女孩身边的"保护墙"。要让女孩在生活中学会独立自主，并在生活的风风雨雨中锤炼成长，培养她坚毅的品格。

多关注女孩的心灵成长

当今的家庭大部分都是独生子女，女孩也同样肩负着来自爸爸妈妈、爷爷奶奶、外公外婆的殷切期望，家长往往更容易把注意力放在女孩的成绩上，认为只要把学习搞好了，其他的什么都不用管，因此对女孩的心理健康没有给予足够的重视。

心理专家发现，现实生活中绝大多数的家长只对女孩的学习成绩和身体健康给予关心，很少重视女孩是否过得快乐，忽视了女孩的心理健康。女孩的健康成长离不开健全的心理。只有心理健康了，女孩才能拥有自强、自立、自尊等品质，心理素质才会提高，才能面对生活各个方面的压力，才能茁壮成长。

然而，对于女孩的心理健康，父母给予了多少关注？又有多少了解呢？

女孩的身心健康比知识更重要，父母应该在女孩的心理健康上多多给予关注。女孩在成长的过程中，不仅有物质方面的需求，还有情感方面的需求，但父母们很容易忽视这种需求。因此，父母应该提高自己的认识，给女孩的心理健康更多的关注，让女孩身心都得到健康的发展。

心理健康的女孩会拥有良好的情绪、健全的个性、较强的适应能力与融洽的人际关系。这对女孩的成长以及未来发展都是非常重要的。如果女孩的心理没有得到健康的发展，而父母又忽视了这一点，就很容易造成女孩的人格缺陷以及行为障碍。

父母要关注女孩心理健康，具体应该怎么做呢？

1.先做朋友后做父母，多和女孩交流

父母应该走进女孩的内心，更多地了解女孩。但是，事实证明父母想要做到这一点是比较困难的。不少父母都有家长的架子，把女孩看成是自己生命的延续，并没有意识到女孩也是一个独立的生命体，这样的父母要想走进女孩的内心是很难的。

因此，父母应该给女孩营造一个融洽的家庭氛围，主动和女孩进行交流，努力成为她的好朋友，要尊重女孩，多和女孩说说心里话。这样，父母才能得到女孩的理解与信任，为女孩所接受，才能成为女孩真正的知心朋友，和女孩保持一种亲密无间的关系。

2.多关注女孩的心理需求

一位失败的爸爸曾这样教育女儿：

第三章 不娇不宠，塑造女孩的完美性格

两个人逛完超市，爸爸拎着满满一袋的儿童食品带着5岁的女儿回家。在路上，女儿手里拿着一瓶饮料，由于瓶子盖没有拧紧，女儿稍微倾斜了一点，饮料洒了出来。爸爸厉声呵斥道："你怎么这么笨啊，饮料都拿不住。这么一点小事都做不好，以后还能指望你有什么出息！"或许这样的场景太多了，小女孩对爸爸的批评毫不理会，继续和爸爸一起往前走。

突然，女儿停了下来，蹲在地上注视起几只蚂蚁搬一只大虫子来。她充满好奇，想看看蚂蚁要把虫子搬到哪里去。爸爸一扭头看不到女儿了，一转身看到她正蹲在地上，怒气又来了："你不能快点走吗，还想不想回家啊？"迫于无奈，女儿只好站起身告别了蚂蚁，随爸爸回家去了。她心里也许此刻仍然想着小蚂蚁，一步三回头，不时地望着刚才的地方。

尽管这位爸爸很关心女儿，给她买各种营养品，但是却对女儿的心理需求丝毫不懂。女儿所思所想，身为爸爸的未必知道。

作为父母，应该多关心女孩的心理需要，平时多和女孩进行平等的交流，不要总把自己的意愿强加给女孩。父母应该多在女孩身上下工夫，要多从女孩的角度出发，留心体察女孩的心理需求，保证女孩心理的健康成长。

3.抽点时间多陪陪女孩

尽管父母在生活上总是对女孩照顾得无微不至，但可以真正陪伴女孩成长的父母却并不多见。女孩比较重感情，小的时候就非常依恋父母特别是妈妈，这种依恋是任何人都难以取代的。但实际上，父母也时常面临来自家庭和工作的巨大压力，这种情况使父母在家陪伴女孩的时间越来越少，而这往往正是女孩真正所需要的爱。

在女孩看来，每天都能和父母在一起才是快乐的。如果父母由于忙于工作而忽视了对女孩的陪伴，就会对女孩幼小的心灵产生很大的伤害。因此，无论工作有多忙，父母都要尽量抽出时间陪伴女孩，这才是给女孩最好的爱。

4.关心女孩一点一滴的进步

女孩最依赖的人就是父母，她渴望得到父母的爱，也希望听到父母的赞美之词。为此，父母应该看到女孩哪怕是一点一滴的进步，并且由衷地赞美她，鼓励她继续努力。如果忽略了这一点，女孩的成长将会大打折扣。

女孩就算取得了一点儿进步，也都希望父母可以和她一同分享这份喜悦。如果父母对此表现得过于冷淡，就会使女孩产生一种失落感，也会使她的安全感降低，这不利于她的健康成长。父母要关注女孩的点滴进步，不要吝啬赞美之词，要多给女孩鼓励，这才是父母应该采取的正确的做法。

需要注意的是，家长关注女孩的心理健康，不能停留在传统的角色里裹足不前，而要学会与时俱进。现代网络日趋发达，家长完全可以用腾讯QQ、博客、网上日志等方式多和女孩进行交流，还可以和女孩一起看一些新书、新电影，这样对于缩小家长和女孩的距离是很有帮助的，同时，还可以实现零距离的交流，对女孩心理的健康成长更加有利。

第三章 不娇不宠，塑造女孩的完美性格

帮助女孩克服自卑，收获自信

楠楠和孙琪住在同一个院子里，两家离得很近，她们上同一个小学，一起去学校，一起放学回家，是很好的伙伴。但自从她们升入初中后，两个人的关系就淡下来了，甚至有时碰面了也仅仅打个招呼，没什么话说。因为她们不在一个学校上学了，孙琪上的是市重点中学，楠楠上的是普通中学。楠楠总感觉自己比不上孙琪，孙琪总是能得到邻居们的夸奖和称赞，甚至一些好事的父母还拿她们两个作比较，这让楠楠很郁闷，所以她见了孙琪也不知道说什么好了，感觉自己不如她。孙琪看到昔日的伙伴变成了这样，不知道发生了什么事情，两人虽然不再天天在一块，但偶尔碰面，两个人都感觉到一种说不出的别扭。

楠楠的表现就是自卑造成的。十几岁的女孩很容易陷入自卑的怪圈。之所以这样，是因为女孩的关注点已经转到自身和内心，她们有了初步的自我判断意识，开始关心自己在别人心目中的形象。自卑是一种因过多地自我否定而生产的自惭形秽的情绪体验，指个体对自己的品质和能力作出过低的评价，或者对自身的智力和能力作出过低的评价，或者表示怀疑而产生的一种复杂的心理。自卑会导致心理承受能力脆弱，谨小慎微、多愁善感，常产生疑忌心理，容易焦虑、忧伤、不安、失落、痛苦等，行为畏缩、瞻前顾后。

自卑者很少有成功的体验，对生活不抱希望。她们的内心深处，塞满了失败的感受，使得她们的思绪更多地转向过去，无暇面对未来。自卑者自己瞧不起自己，也怕被人瞧不起，而她们的做法和对待人生的态度，恰恰无法让人看得起。家长应该重视孩子的自卑性格。发现后要及时帮助孩子改正。

孩子自卑感的产生，不外乎以下两个原因：一是由于目标定得过高连遭挫折的打击；二是与他人相比在某些方面存在劣势，以致造成不良的自我暗示等。

如何帮助孩子摆脱自卑的阴影，树立自尊和自信，专家提出几个简单易行又行之有效的办法。

第一，适当降低对孩子的要求。

对待已有自卑心理的孩子，父母应适当降低对孩子的要求。其实，让自卑的孩子学会自我肯定的首要目标是：帮助孩子从自己的行为中获得满足和动力。应该让孩子懂得：做该做的事，并且把它做好，这本身就是成功，也是对自己最好的肯定。假如孩子画了一匹马，那么你最好不要过多地挑剔这里不好、那里不像，而应对孩子的每一成功之处予以发现并作出由衷的赞赏："看，那马尾巴画得真好呀，好像是在风中飘舞一样！"或者"你为马涂的颜色真漂亮！"

还应该让孩子看到，你的赞赏完全是诚恳的，而不是应付的、客套的，更不应该是虚伪的、做作的。

第二，帮助孩子确立信心。

当一个人屡遭失败和挫折，她就会怀疑自己的能力，形成自卑感。要孩子克服自卑感，父母自己要有自信心，并把自信心传给孩子。父母要多教育孩子，让孩子知道任何人都有自己的优点和缺点，不管是身体方面还是其他方面，都是这样。

父母还应多给孩子讲，许多人都有着自己的缺陷，都会产生自卑感，关键是能够克服自卑感。

俄国大文学家列夫·托尔斯泰，曾因自己相貌丑陋而自卑。据说，他从小就对自己的容貌十分敏感。他的眼睛不但小而且还是凹进去的，前额窄，嘴唇厚，鼻子像大蒜头一样，耳朵大得令人吃惊。他在学校时，老师对他的评价也不高，说他哪一方面都不行。他感到苦恼：像自己这么丑的人，可能一辈子也不会取得成功。但他终于挺起胸来，扬长避短，不被不良评价所影响，最后终于写出了《安娜·卡列尼娜》等文学名著，成为世界级的文学大师。

亚里士多德、达尔文、伊索、拿破仑都有口吃病，亚历山大、莫扎特、贝多芬、拜伦都因身体佝偻、口吃、身材矮小、耳聋等而产生过自卑，但他们并不因此而灰心，也没有因此而丧失生活的勇气。他们坚定了成就大业的信心，结果都取得了成功。

当孩子了解到这些名人的故事后，慢慢就会树立信心，获得进取的勇气。

第三，强化孩子的自我肯定意识。

对自卑心理很严重的孩子来说，自我肯定往往是脆弱、飘忽不定的，因而极需要得到外界经常不断的强化。强化孩子的自我肯定，可尝试以下方法：让孩子为自己记一本成绩簿，让孩子每周花几分钟时间写出自己的"成绩"，并告诉孩子，所谓成绩，并不一定是了不起的成就，任何小小的进步，以及为这种进步所作出的任何小小努力，都有资格记载入册。然后，为孩子准备一些小的奖品，当孩子取得了一点成绩，或做了一件令她自己感到自豪的事，她就有可能得到奖品。还可以教孩子学会以自言自语的方法不断对自己作出赞扬，当孩子遇到困难时，鼓励她自己为自己鼓劲："来吧，朋友，你可是一个不怕失败的好孩子，再努力一次吧！"

当然，自我肯定也应有个度，不要鼓励孩子在任何时候、任何情况下都充分地自我肯定。要分时间、场合，更要有一定的原则、标准和尺度。孩子的自我肯定一旦用过了头，就可能变成一种自负甚至成为唯我独尊的"小公主"。

第四，告诉孩子正确看待他人的评价。

父母可以对自卑的孩子多作表扬，但其他人却未必做到这一点。她们或许会"实话实说"，或许会故意挑剔，甚至讽刺挖苦。此外，孩子不可能永远依赖别人的评语，迟早要依靠自己内心的动力前进。因此，不妨指出孩子的正确和不对的地方，然后提醒她不必过分看重别人的评论。

自卑的孩子由于做了一件错事而遭到了批评，一下子感到丧失了前进的方向。这时家长应该告诉她，对待批评的最好办法便是承认并改正。当孩子主动承认了错误时，家长完全可以告诉她："你这样做很不容易，因为这可需要很大的勇气，你可以对自己说你做了一件了不起的事。"

第五，培养孩子的坚强意志。

如果家庭对孩子娇宠、溺爱，一旦她离开家庭稍遇困难，便不知所措进而形成自卑。因此，家长要鼓励孩子自己的事自己做，学会自己照顾自己。当孩子碰到困难时，只要是经过努力可以克服的，家长可从旁加以指导，不要包办，尽量让孩子自己想办法解决，使其慢慢学会自己处理各种事情。

平时，家长多带孩子到大自然中去，多参加各种集体活动，有意识地丰富孩子的知识，提高孩子的能力，避免孩子因自卑而怯于与人交往，形成自我封闭。

远离嫉妒和猜疑的女孩最美丽

楠楠从小是个乖巧伶俐的孩子，深受亲友和老师的喜爱。而在一片称赞声中长大的她渐渐变得异常的争强好胜，容不得别人有任何强于她的地方。

楠楠喜欢打扮，而且总爱和同学们比。有一次，一位同学买了一件非常漂亮的裙子，别人称赞不已。但这却使楠楠不高兴了，暗中嫉妒，背后说那位同学的坏话。考试时，别的同学成绩考得高一点儿，她也嫉妒，背后议论别人是事先知道了题，或者是碰运气。最让楠楠痛苦的是，她的对手李莎居然竞选学生会副主席成功！她在心里恨恨地想：她哪点儿比我强啊？凭什么她能当选？！楠楠为此食不甘味，寝不成眠，妒火中烧。在连续几个晚上失眠之后，她终于做出决定：写一篇诋毁李莎的文章，发布到学校网站上，文章题目就叫"为谋主席职，竟献青春身"。

文章在网上传播开后，李莎的名誉受到极大的损害，被迫放弃了校学生会副主席一职。楠楠暗自庆幸，但不久，几个警察便出现在她的面前。

经过老师的教导，楠楠终于认识到是嫉妒心害了自己，她向李莎道歉，并表示悔改。

嫉妒是人类的一种普遍的情绪表现，是由于个人与他人比较，发现别人在某一方面或某几方面比自己强而产生的一种羞愧、不满、怨恨、愤怒等组成的复杂情绪。每个人都会产生嫉妒，两三岁的孩子就有嫉妒心理，比如看到妈妈抱起别人家的孩子，她就会很快地跑过去，闹着要求妈妈立即抱自己。孩子到了十几岁，心理发生很大变化，情绪极不稳定，更容易产生嫉妒心理，比如上文的楠楠。

嫉妒心的产生，与人最关心的事物相联系，因年龄而异，因人而异。

虽说嫉妒是一种可以理解的正常情绪反应，但它是一种消极、有害的心理，所以不能听之任之、放任不管。

有一位老师在微信朋友圈分享她的一次经历：

我曾经接到过这样的一封信：

老师，我现在很矛盾，我想不在乎分数，但我又想得到高分。我发现我是一个很要强的人，我决不允许我们班上有人在我的前面，但我苍白的分数却让我无能为力，于是我发现我嫉妒别人了，那种感觉让我很难受，可是我控制不了，我想把它化为动力，可是，我的心总是在那些被我嫉妒的人的身上。我想也许是我太在乎分数了，我不想做那样的人，我尝试着让自己不要去在乎分数,不去在乎别人考得多么好,却很难做到……

嫉妒有两方面最大的危害:

一是强烈的嫉妒心理会破坏人际关系。当女孩嫉妒别人的时候,就不会对嫉妒友善、热情,两个人的关系必然冷淡。嫉妒的对象越多,关系冷淡的对象就越多,人际关系就会受到严重破坏。二是,这不只是个人的问题,还会破坏集体的团结和良好的心理氛围。嫉妒心强的女孩也容易受外界的刺激而产生诸多不良情绪,甚至会由于攻击情绪的发泄而造成悲剧。

对女孩的嫉妒心,不可低估其危害性。嫉妒是猜疑的根源,有了嫉妒心理,就会把别人无意的行为和语言看成是有意在自己面前炫耀,有时还会莫名其妙地闹纠纷,这样会影响女孩今后的为人处世。父母一定要了解女孩的思想意识、道德品质,发现不好的苗头及时制止和矫正,防患于未然。

怎样防止女孩产生嫉妒心呢?

遇到这种类型的孩子,家长要明确告诉这些孩子:人生的目标是通过脚踏实地的努力实现的,机遇只会垂青那些为了目标而真正去努力的人。

建立良好的家庭环境能防止嫉妒心理和行为的产生,从根本上讲,是孩子自身的消极因素,和外部环境的消极因素相互影响、相互作用而产生的。比如在家里,大人之间互相猜疑,互相看不起,或当着孩子面议论、贬低别人,会在无形中影响孩子的心理。因此,父母应当在家庭中为孩子建立一种团结友爱、互相尊重、谦逊容让的环境气氛,这是预防和纠正孩子嫉妒心理的重要基础。

有嫉妒心理的孩子一般都有争强好胜的性格,父母要教育孩子用自己的能力去同别人相比,竞争是为了找出差距,更快地进步和取长补短,不能用不正当、不光彩的手段去获取竞争的胜利,要把孩子的好胜心引向积极的方向。

女孩要做强大的自己

性格是一种个性心理特点,它是个性的核心部分。畏首畏尾、缺乏独立性、过分依恋亲人,是性格软弱的孩子最突出的表现。在性格形成时期,孩子表现出性格意志的缺陷,父母应对此引起重视,及时进行帮助、引导,使孩子的个性得以健康发展。

那么,怎样对待性格软弱的孩子呢?

第一,让孩子多接触同伴。

心理学家指出:孩子的性格在游戏和日常生活中表现得最为明显,这也是纠正孩子不良性格的最佳途径。爱模仿是孩子的一大特点,父母要让性格软弱的孩子经常和胆大勇敢的小伙伴在一起。这样,孩子会跟着做出一些平时不敢做的事情,并将小伙伴的言行举止作为自己模仿的对象,耳濡目染,慢慢地得到锻炼,逐渐变得勇敢、坚强起来。

第二,从孩子的生活常规教育开始。

也就是对孩子进行生活习惯和独立生活能力的培养和教育。

常规教育应包括良好的生活卫生习惯和文明行为习惯两个方面。其中生活习惯指的是：洗手、洗脸、洗脚、洗澡、擦鼻涕以及不随地大小便；不在墙壁上乱涂乱画；不随地吐痰、保持室内清洁卫生等。文明行为习惯指的是：尊敬长辈、爱护同伴、爱护公物、使用礼貌语言等。

要使孩子形成独立的人格，除了她们自身发展的因素外，父母的帮助也是很重要的因素。但得记住，帮助是适度的。家长应该放手，让孩子自己做。

第三，让孩子学会生活，把握自己。

家长的包办代替是孩子形成软弱性格的重要原因之一。要培养孩子成为强者，父母首先要鼓励孩子做力所能及的事情，学会生活。譬如：夜间让孩子独立上厕所；自己到牛奶站取牛奶。这些看起来是小事，但是对培养孩子独立、勇敢的品质很有益处。

第四，不当众揭孩子的短。

相对来说，性格软弱的孩子比较内向，感情较脆弱，父母尤其要注意保护孩子的自尊心。如果当众揭孩子的短，会损伤孩子的尊严，让她觉得无地自容，脸上无光而羞于见人，无形中不良刺激强化了孩子的弱点。如果确实需要指出孩子的缺点，应在肯定孩子成绩的前提下，用提建议和希望的口吻指出孩子的不足。在这种情况下，大多数孩子都会乐意接受。

第五，给孩子自信。

（一）自信是一份厚礼，赠予谁，谁就拥有一份向上生长的内在动力。一个拥有知识的人，不一定能够走远；而一个拥有自信的人，却一定能走遍天涯海角。

（二）自信的教育就是教孩子学会给自己打气的教育。自信心是由肯定式教育建构的，否定式教育决不可能培养出自信的孩子。

第六，给孩子空间。

（一）孩子如同树木，越往上长，需要的空间就越大。课堂、书本只是孩子学习知识的一种渠道，不是孩子释放生命能量的展示，也不是生命激情的成长空间。

（二）在大自然里，孩子以天地为课堂，以万物为老师，以游戏的方式进行生命信息系统和智能系统的开发。

第七，给孩子勇气。

（一）勇气来源于自信，来源于对现实的人生态度，来源于敢说真话的教育，来源于敢于面对困难，面对错误，面对失败。勇气不是天生的，勇气需要在挫败和挫折中建立。人生时刻面临着各种各样的问题。

（二）鼓励孩子敢于面对困难和不幸，赠予孩子一份人生宝贵的财富。

第八，教孩子自省。

（一）自省是生命生长的一个秘诀。一个不会自省的人永远也长不大。智慧与自我反省能力分不开。

（二）人通过反省能及时修正错误。学会自省，就等于掌握了自我完善和健康成长的秘诀。

让女孩学会欣赏自己

在成长的过程中,孩子难免会有失误,会遭遇挫折和失败。我们不能仅凭这些事就断定孩子没有前途、没有志气,做父母的必须学会给她们以耐心的、正面的引导。一味地指责"没出息",是一种负向的心理暗示,只能使孩子走向自暴自弃,走向真正的"没出息"。其实,孩提时调皮甚至顽劣,但长大后成为名垂青史的大家和大师者,不乏其人。

《半月谈》上刊登过一篇文章,讲述了作家叶兆言与女儿之间的冲突。一方面,身为父亲的叶兆言一直用自以为是的"理论"管教女儿;另一方面,女儿却在潜意识里与父亲进行着多方面的抗争。直到有一天,看过女儿临出国前交给自己的日记本,叶兆言才在震惊之余开始反省自己的父亲角色。面对女儿的内心表白,他说:"小女曾说过,我这个当作家的父亲让她还没有学会欣赏之前,就先教她学会了批评。这一点真让我汗颜。"

叶兆言面对女儿的"批评"感到汗颜,我们许多父母面对叶兆言的自责,是否也会有同感呢?从严要求孩子没有错,但一些父母却曲解了严格要求的本义。有些父母最爱用"没出息"这句话训斥孩子。孩子考试没得满分,是"没出息";孩子写不好作文,是"没出息";孩子没有完成作业,是"没出息";孩子上课说话,是"没出息"……在这些父母眼里,孩子们没出息的事实在是太多了。

在孩子成长过程中,如果经常使用带有惩罚性质的语言,会使她养成自卑胆小的性格，或者产生对立情绪。孩子虽小，心中也有一杆秤，成人的每一句评语，都能让她那敏感的心灵快乐或者悲伤。奚落、讽刺、挖苦孩子，表面上看要比体罚"文明"，但它带给孩子的伤害不比体罚小。体罚伤害的是孩子的身体，而"心罚"伤害的则是孩子的心灵。受"心罚"的孩子被摧毁的往往是自尊心，被打击的是自信心，被扼杀的是智慧。在一个孩子面临重要的人生选择时，指导和鼓励是非常重要的。女孩子的心，尤为敏感与脆弱，与其居高临下地严加管束，不如平等善意地以诚相待。所以，成功的父母在教会批评之前，先教会孩子欣赏自己，欣赏他人，欣赏人生。他们善于观察与揣摩子女的心态处境，当孩子沮丧时，会用热情的话予以鼓励；当孩子自卑时，不忘用她的闪光点燃起她的自信心；当孩子痛苦时，尽量设身处地说些安慰的话……这样，孩子的理想之花就会渐渐开放。

让我们记住叶兆言先生的话："奉劝天下父母，多给孩子一点赞美，让她们从小就会欣赏世间的一切。对于父母，孩子无论成功与否，都要接受。能不能出人头地，是她自己的事，各人头上一方天，没必要强求孩子干什么。人生是一步一步走出来的，能把每一步都走踏实了，这就很好。"

消解女孩的"小姐脾气"

有这样一些孩子，她们脾气比较暴躁，并多以自己为中心，很少考虑到别人的感受，很少为别人着想并且缺少谦让精神。其实，孩子的脾气秉性一方面有先天遗传的因素，另一方面也与后天的教育和培养有着很大的关系。

发脾气是愤怒的表示。对孩子来说发脾气也是一种常见的现象。但是如果孩子长时间把发脾气作为解决问题的唯一手段，家长就应提高警惕。孩子爱发脾气如果不及时纠正，将影响她对环境适应能力，使孩子难以应付挫折并影响其健全人格的形成，这对孩子的人生是十分不利的。

生活中，我们时常会看到有些孩子一遇到不顺心的事情就大哭大叫，有的还摔东西。更有甚者往地上一躺，任你哄骗或威吓，就是一副不达目的不起来的架势。遇到这种情形，做家长的往往心烦意乱，不知所措。于是，为了尽快平息孩子的怒气，不惜牺牲原则来满足孩子的要求。殊不知，这样就会使孩子把发脾气作为逼迫家长就犯的有力武器。如此下去，孩子的脾气只能越来越坏。

长辈们对孩子的发脾气，要区别对待，千万不可以草率行事，尤其不能以发脾气来压制孩子的脾气，家长一贯的态度，一经形成定式，将会影响孩子终生。

那么如何教育爱发脾气的孩子呢？有以下几种方法父母们不妨试试。

第一，转移注意力。

音乐有镇定的功效，放点音乐，可以转移孩子的注意力，使其哭闹停止；可以忽然提出一个新的事情，要孩子和你一块儿去干，她也许会忘记发脾气的事；在孩子耳边轻声说些有趣的事，或者开始说故事，孩子很可能会为了听故事而停止哭泣；如果你感觉到孩子的情绪越来越紧张，可以引导孩子玩个有意思的游戏、读本书或者把孩子带到户外参加活动。

第二，教孩子学会情绪管理。

良好的师生关系、同学关系，家庭的和谐情感沟通，可以帮助孩子学会适度表达情绪，积累情绪经验，促进情绪健康成长，这个过程也就是孩子学会情绪管理的过程。

第三，置之不理。

置之不理是帮助孩子摆脱发脾气习惯的最见效的方法。如果发现孩子乱发脾气，只要没有什么危险，你就不要去理他，尽管干自己的事，继续你的谈话或大声自言自语、唱歌、打开收音机或电视机、坐下来读书，或走出去。同时，你要注意孩子的动静，但千万不要看她，因为即使只是瞥了她一眼，她也会受到"鼓舞"，继续闹下去。当孩子意识到发脾气没有用处，哭闹声降低后，你可给她个台阶，以帮她摆脱窘境。

培养女孩的宽容心

古语有云："泰山不让土壤，故能成其大；河海不择细流，故能成其深。"宽容是一种品德和智慧，如果父母教女孩学会宽容，她就能掌握与他人交往的智慧。最为重要的是，宽容是女孩健康成长非常必要的一种能力，因此，父母应该在日常的生活中培养女孩的宽容心。

当今社会中,大部分女孩都是独生女,从一出生便成为家庭的中心,所有人都围着她一个人转。时间一长,女孩难免会变得以自我为中心,在做人做事上很少顾及别人的感受,总是计较别人给自己带来的伤害。

北京师范大学教育系与中国青少年研究中心曾经对中小学生进行过一次抽样调查。其中有这样一个问题:"你如何对待过去曾经欺负过你或严重伤害过你的人?"面对这个问题,一些学生表示会宽容他,有大约24%的学生表示无法原谅或绝不原谅,其他学生则表示原谅但不忘记。由此可见,能够主动宽容别人的孩子并不多,实际上,宽容是一种重要的美德,是孩子日后立足社会必须具备的一种心态。所以,为了女孩健康成长和良好发展,父母应当教女孩学会宽容。一般来说,父母可以从以下几方面入手,培养女孩的宽容心。

1. 让女孩学会欣赏

著名作家托马斯·利考纳认为,作为一种美德,宽容有两方面的含义。一个方面是尊重,另一方面则是欣赏,也就是欣赏差异,欣赏来自于不同背景、人种、宗教、国家和文化的人的许多正面品质和贡献。在这个社会中,任何一个人都是独一无二的,父母要引导女孩认识并接受人与人之间的差异。

在生活中,有的女孩会对比自己差的同龄孩子表现出蔑视的态度,用自己的优点和别人的缺点相比,有的女孩则对强于自己的孩子很不服气,有一种嫉妒心理。对此,父母应该教会女孩正确地看待自己的缺点和不足，宽待"弱者"，宽容"强者"。

2.通过优秀的文学作品培养女孩的宽容心

大部分女孩都喜欢听故事，容易受到故事的感染，乐于模仿故事中人物的行为，所以，父母可以运用优秀的文学作品来培养女孩的宽容心。

3.让女孩学会换位思考

生活中，有一部分女孩在考虑问题时，只习惯于站在自己的立场上，而不习惯于从别人的角度出发。要杜绝这种现象，办法就是"换位思考"。换位思考就是指当双方产生矛盾时，能够站在对方的立场上，思考对方为何会如此行事、如此说话。

如果女孩可以从父母的角度出发，就会理解父母的良苦用心；站在祖父母或外祖父母的立场上，就会理解祖父母或外祖父母的那份关爱和唠叨；站在老师的角度上，就会理解老师的不容易；站在同学的角度上，就会感受到同学们的可爱。因此，父母要培养女孩的宽容心，让她学会换位思考是非常必要的。

4.鼓励女孩"纳新"和"应变"

宽容除了要体现在对人的态度上，还要体现在对"物"和"事"的态度上。父母要尽量让女孩见识多种新生事物，让女孩愿意接受新生事物，承受一切出乎意料的变化，善于识变、应变。比如让女孩认识、了解各种奇观奇迹，观察生活中的变化，允许女孩别出心裁地解决问题等。女孩一旦习惯于"纳新"和"应变"，她就会以一颗宽容的心来面对世间的万事万物。

5.让女孩多与大自然亲近

第三章 不娇不宠，塑造女孩的完美性格

大自然能够陶冶女孩的情操，可以培养女孩的宽容心。因为大自然充满了数不尽的奥秘和神奇，它是一部最生动的教科书，是一本包罗万象的百科全书。大自然的花草树木、山川河流，无不蕴含着美的因素。大自然的博大与雄浑能让女孩变得豁达开朗、心胸宽广，进而促使女孩形成宽容之心。因此，如果条件允许的话，父母应该多带女孩到户外去感受大自然，让处于钢筋水泥世界中的女孩投入到大自然的怀抱之中。

此外，父母要尽可能地创造条件，带女孩到祖国各处走一走、看一看，让浩渺的海洋、奔腾的河流、秀美的山川陶冶女孩的心灵，开阔女孩的视野和胸怀。如果没有条件的话，也要利用节假日或周末多带女孩到附近的公园里走一走，这样也可以亲近一下自然，促进女孩宽容心的养成。

第四章

狠心放手，要求女孩独立自主

自我管理是女孩独立的前提

孩子能否进行自我管理是孩子独立性的一个重要方面，这也是孩子能够脱颖而出的基本条件。在发达国家的家庭里，父母普遍重视从小培养孩子的自理能力和自强精神。

在美国，家庭教育是以培养孩子富有开拓精神、能够成为一个自食其力的人为出发点的。父母从孩子小的时候就让他们认识劳动的价值，让孩子自己动手修理器物、装配摩托车，到外边参加劳动，即使是富家子弟，也要自谋生路。美国的中学生有句口号"要花钱，自己挣"。农民家庭要孩子分担家里的割草、粉刷房屋、简单木工修理等劳动。此外，还要外出当杂工，如夏天替人推割草机，冬天帮人铲雪，秋天帮人扫落叶等。

在瑞士，父母为了不让孩子成为无能之辈，从小就着力培养孩子自食其力的精神。例如，有位十六七岁的姑娘，初中毕业就去一家有教养的家庭当了一年左右的佣人，上午劳动，下午上学。这样做，一方面可以锻炼劳动能力，寻求独立谋生之道；另一方面还有利于学习语言。因为瑞士有讲德语的地区，也有讲法语的地区，这样一来，一个人同时能学到不同的语言。其中也有相当多的人还要到英国学习英语，方式同样是边当佣人边学习。掌握了三门语言后，就去办事处、银行或商店就职。长期依靠父母生活的人，被认为是没有出息或可耻的。

在日本，在孩子很小的时候，父母就给他们灌输这样一种思想——不给别人添麻烦，同时在日常生活中注重培养孩子的自理能力和自强精神。当全家人一起外出旅行的时候，不论多么小的孩子，无一例外地背一个小背包。为什么？父母说："这是他们自己的东西，应该自己来背。"上学以后，许多学生都要在课余时间到外边参加劳动挣钱。大学生勤工俭学非常普遍，就连有钱人家的子弟也不例外。他们通过在饭店端盘子、洗碗，在商店售货、照顾老人、做家庭教师等方式，赚取自己的学费。

国际夏令营的辅导员发现美国孩子的胆子特别大。他们不怕天黑，不怕单独外出，不怕山高水急，也不怕昆虫野兽；说话"冲"，善交际，很有主意，敢想敢闯；不需要大人陪伴，也不会出现什么险情。

不做后盾，克服女孩依赖心

对父母过分依赖的孩子，容易事事依赖他人，这对孩子的成长极为不利。过分依赖父母和他人的孩子胆小、怕事、遇事退缩、没有主见；总是要别人帮助，屈从他人；逆来顺受，无反抗精神；进取心差，意志薄弱，害怕困难，在困难面前惊慌失措，经受不住挫折和失败；人际交往能力差，孤僻、自我封闭。

过分依赖父母，会使孩子失去物质和精神生活的独立自主性。他们不能独立思考，缺乏创造的勇气，自我肯定性较差，总是陷入犹疑不决的困境。在生活中，他们离不开别人的鼓励和支持，总要借助别人的扶助和判断。好吃懒做，坐享其成，不思进取。

孩子过分依赖父母，父母溺爱孩子，会形成一些特有的生活环境，使孩子缺乏社会安全感，总是跟别人保持距离；他们需要别人提供意见，经常受外界的暗示或指使，好像自己没有判断能力；他们性格中潜藏着脆弱，没有发展出机智应变的能力，更不会有创造性。

纠正孩子过分依赖父母的坏习惯，应该从以下几点入手。

1.对孩子的要求要和孩子的能力相符合

在培养孩子动手能力的同时要按孩子的年龄、能力的发展程度对孩子提出适当的要求。如果对孩子要求过高、难度过大，会使孩子产生畏难情绪；要求过低又不能激发孩子的兴趣。事实上，在幼儿期间，伴随着孩子生理的发展，肢体活动能力的增强，他们相应的自主性也开始得到发展，独立性逐渐增强，这时是父母帮助孩子形成良好习惯的适当时期。父母要坚持给孩子提出一些要求让他们自己完成。当孩子看到自己完成了许多事情时，他们的自信心和责任感便会增强，从而减少对父母的依赖。

2.让孩子做力所能及的事情

家庭教育的目的，不是让孩子过上舒适安逸的生活，而是要培养孩子各方面的能力。所以，父母要转变观念，从小就开始培养孩子自主、自立的精神，孩子的日常学习生活起居，能让其自己做的就不要包办。美国家庭的做法是：婴儿从一出生就单独睡觉；孩子能够捧奶瓶了，就让他自己捧奶瓶喝奶；让孩子在有围栏的床上自己玩；把孩子放在大便椅上让他自己大便；孩子学步的时候，也是让他自己扶着学步车走路。长大后，一切能够做的事情都让他自己完成，同时还必须帮助父母干一些家务活；孩子在7岁的时候就开始自己挣钱，成人以后，就完全独立，自己解决生活问题。

3.改变孩子已形成的依赖心理

父母一旦发现孩子有依赖性，就必须及时给予纠正。首先了解孩子依赖心理的形成原因，以此为基础，使用一定的策略。比如，许多孩子每天早上的起床问题让父母费了不少心思，一次又一次地叫孩子起床，可孩子总是赖在床上不起，一旦迟到了，反而会责怪父母没有及时把他从床上拉起来。面对这样的情况，一位父亲就对孩子说："上学是你自己的事，晚上睡觉前上好闹钟，早晨自己起床，没有人再叫你了，迟到了只能由你自己负责。"当然这位父亲对女儿是很了解的，他知道女儿能行。第二天，闹钟一响，女儿果然立即跳下了床，做自己该做的事情。这位父亲运用了一个小技巧，很轻松地改变了孩子的依赖心理，他的做法是值得其他父母借鉴的。

让女孩学会独立思考

现实生活中，有的父母把一切事物都为孩子安排得妥妥当当，十分周到，从来就没想到哪些该由孩子自己去考虑、去想办法、去解决、去处理。当孩子遇到困难时，父母经常毫不犹豫就帮孩子把困难解决了。这样，当孩子有什么困难也就不愿意自己思考，只渴望得到父母的帮助。长此以往，孩子的思考能力就会丧失，就更谈不上解决问题的能力了。

如今的时代，是"信息时代"，是"知识大爆炸"的时代，这在客观上对每个人的思考能力都是一种挑战。那些思考能力越强的孩子，越有求知的欲望，终身学习的能力和创造力也会愈强。这种能力，使他能够与时俱进，受到社会的欢迎。

有一次，美国电视台的著名主持人比尔向一个七八岁的女孩提问："你长大以后的梦想是什么？"女孩很自信地答道："我想当总统。"在场观众无不哗然。比尔故作吃惊状，然后问她："那你能说一说，美国为什么到现在还没有女总统吗？"女孩毫不犹豫地回答说："因为男人不投她的票。"这引来全场的一片笑声。比尔继续说："你肯定是因为男人不投她的票吗？"女孩坚定地说："当然肯定。"比尔意味深长地笑笑，对全场观众说："请投她票的男人举手。"在人们的笑声中，有不少男人把手举起来。比尔得意地说："你看，有这么多男人都给你投票啊。"女孩不为所动，冷静地说："还没有三分之一。"比尔做出怀疑的样子，对观众说："请所有在场的男人举起手来。"言外之意，不举手的就不是男人，哪个男人还能不举手呢。在哄堂大笑中，所有的男人们都将手举了起来。女孩露出了一丝不屑一顾的微笑："他们并不诚实，他们投我的票并非出于自愿。"此时许多人目瞪口呆。然后是一片掌声和惊叹声……

　　这个独立思考的案例就很典型，在没有任何人提示或帮助的情况下，女孩只是凭借自己的判断和思考，从容地回答主持人的提问。这种独立思考的能力正是许多中国孩子所欠缺的。

　　人的思考能力是自己唯一能完全控制的东西，离开了正确的思考，就没有正确的行动。那些能成大事的人都具有勤于思考的习惯，他们总能发现问题、解决问题，不让问题成为人生的难题。可以这样说，每一个有意义的构想和计划都来源于思考，是思考支撑起了人生。但灵敏的思维不会从天而降，而要经过严格的训练和培养才能获得。因此，培养孩子的独立思考能力对每一位父母来说都是必须好好把握的家教关键，是诸多教子课题的"重中之重"。

　　一个孩子能不能成才，最关键的在于能否有效地锻炼其思考能力。思考习惯的养成对于孩子以后思维方式的形成以及知识的积累所发挥的作用是不可估量的。

　　目前，越来越多的父母都已经意识到了让孩子学会思考是多么重要，但是，怎样才能使孩子学会独立思考呢？

　　（一）在思维开发上尽量保持平衡。男性和女性在思维方式上所存在的巨大差异既有先天的性别因素，也有后天环境的因素。假如我们总是按照常规，只让女孩参加音乐、舞蹈、画画之类偏重于感性的活动，就会进一步增强女孩感性的天性，而忽略她理性思考能力的发展。

　　小玉今年4岁了，妈妈打算让她上一些兴趣特长班。但小玉的妈妈并不像其他家长那样去给女儿选择钢琴、芭蕾这些"女性化"十足的课程,而是让她去参加了思维训练和围棋班。这个聪明的妈妈自己以前的思维方式就很感性,在学校里经常偏科,因此她担心孩子会重蹈自己的覆辙,于是给孩子报了一些偏向思维开发的兴趣班。

上述事例中的小玉妈妈是很明智的。要想培养女孩的理性思考能力,父母就要从思想上给予足够的重视,而不要只是一味地加强女孩的感性思考能力。

(二)多向孩子提问。父母在与孩子相处的过程中,要给孩子创造思考的机会。比如讲故事。如果单纯地讲一个故事,顶多满足了她的好奇心理,但如果讲完故事后,问一问孩子,这个故事中是否有不妥当的地方,或者有没有其他的办法可以使主人公克服困难,这样就可以启发孩子去思考。

生活中,父母没必要独断专行,多以商量的口气和孩子进行讨论式的交流,给孩子留有独立思考的余地,给孩子提出自己想法的机会。父母可根据交谈内容提出问题,比如"这两者之间有什么关系""你认为有没有更好的办法""你的想法有什么根据"等问题,以引起孩子的思考。父母不要认为女孩听话、好管理,就总是用命令式的口气告诉孩子这个不能做,那个不能做,应该耐心地向孩子解释其中的原因,然后提出一些问题去启发孩子。

问题是思维的起点,多对孩子提出问题是很重要的。想要激发孩子的潜能及创造力,父母必须懂得向孩子提问的形式和技巧，并学会倾听孩子提出的问题。这既有助于增进亲子关系，也能激发孩子的思考能力，还可以使其表达能力得到锻炼。

（三）为孩子创造"想问"的情境。孩子独立思考，积极提出问题，这对孩子思维的发展来说非常重要。或许有些父母会存在这样的疑问：怎样才能让孩子提出问题呢？其中一个重要的做法就是设定一个情境，激发孩子提出问题。所谓设定"情境"，也是有某些技巧可循的。

首先，要激发孩子的好奇心，比如故事只说一半，让孩子迫不及待地想知道结果；玩猜谜游戏，故意给出一些暗示等。然后引导孩子如何清楚、且有礼貌地提问。

其次，鼓励孩子积极思考，主动提出问题。孩子天生就有一种求知的欲望，她们心中有无数个"为什么"，想了解这个奇妙世界的本来面目，但是父母习以为常的姿态和不以为然的态度，逐渐让孩子的这种求知欲望遭到扼杀。所以，如果父母能有意识地引导孩子，不让孩子的好奇心泯灭，鼓励孩子积极思考，对孩子的提问表现出感兴趣的样子，与孩子一起去思考，去寻求未知的答案，就会增强孩子提出问题的欲望。

（四）可以与孩子进行争辩。争辩可引发孩子进行认真细致的思考，且能让其思维变得更加敏捷。可与孩子就看电视、打游戏机时间长了好不好的问题展开争辩，或者在看完电视后，与孩子一同讨论对某一人物或问题的看法。这样，不仅使孩子的思维能力得到了锻炼，还提高了她们对许多问题的认识水平。

（五）训练孩子从不同的角度来看待问题。这样可以提高孩子思维的多极性。比如对任何一个解决问题的方案，可以让孩子提出其有利和有弊的一面。

小丽问爸爸："别人家都买汽车，为什么咱们不买一辆呢？"

爸爸想了想说："如果你想让咱们家买汽车的话，爸爸倒是可以买，但是，爸爸就没有那么多时间像以前那样陪你玩了。"

"为什么？"女儿很好奇地问。

"因为买汽车不是一笔小花销。爸爸为了多挣一些钱，工作就更要努力了。除了加班之外，可能还得再做一份工作。那样，爸爸自然就没有陪你的时间了。"

"噢，那还是算了吧，咱们还是不要买汽车了。"

对于孩子提出的问题，父母需要启发她不仅学会正向思维，还要学会逆向思维，不仅要会横向思考，还要进行纵向思考。比如，父母可以向孩子提出这样的问题："用你身上所有的钱来给你买好吃的和好玩的怎么样？"孩子一开始可能会很高兴地赞同，但如果让孩子从正反两方面重新考虑，经过认真的思考之后，孩子一般都会改变原先的想法。

女孩要温柔而不软弱

温柔对于女孩来说是至关重要的，然而，温柔并不意味着软弱。温柔是女孩的天性，而软弱在女孩的成长过程中则是需要克服的缺点。畏畏缩缩、在生人面前不敢说话等都是女孩性格软弱的表现，父母对此应该给予重视并及时给予帮助和引导。

乍看上去，温柔和软弱似乎有很多相似之处，但其本质是不同的。一个温柔的女孩，看似柔弱，却可能拥有强大的内心，可以在困难面前表现得很勇敢。而一个软弱的女孩会十分在意别人的看法和评价，特别是受到嘲笑、轻视后会十分不安，她自卑脆弱、逃避退缩、心胸狭隘，行为举止也表现得十分拘谨、少言寡语、喜欢独来独往。

娟娟聪明伶俐，很懂礼貌，而且感情丰富。然而她的性格却很软弱。无论是比她小的邻家弟弟抢了她的玩具，还是大人拒绝了她的要求，甚至是她自己搞砸了某件事——比如她正在搭建的积木一下子倒塌时，她都会号啕大哭。如今的社会竞争日趋激烈，这样的孩子长大后怎么去面对人生的各种挫折呢？父母不免为此忧心忡忡，有时甚至会恨铁不成钢地训斥她。

父母的训斥不仅对女孩软弱性格的改善无济于事，而且对女孩脆弱的心灵可能更是雪上加霜。父母需要做的是让女孩学会"解决问题"，尽量减少女孩性格中的软弱成分。如果父母口头上一味要求或强迫女孩"不要软弱"，无休止地重复软弱的害处，其实只会使女孩性格的弱点不断"放大"。这样，女孩软弱的性格不仅不能得到改善，反而会更加严重。那么，父母要怎样做才能改变女孩软弱的性格呢？父母不妨从以下几方面着手。

1. 给女孩表达想法的机会

父母要想改变女孩的软弱性格，就要先改变家长制作风，淡化自己的权威，多倾听女孩的心声，给女孩充分地表达自己内心想法的机会。比如，父母可以对女孩说："周末我们想带你一起去王阿姨家里玩，你认为怎么样？"也许，女孩起初并不习惯在父母面前表达自己的观点，但是只要父母倾注足够的耐心，告诉她："你不用马上作出回答，等你想好了再告诉我。"如果能坚持一直这样做，就会使女孩的性格发生改变。

2. 帮助女孩分析问题

一般来说，性格软弱的女孩都不善于分析问题。因此，当女孩遇到困难时，父母最好能帮助她分析一下其中的原因。比如，女孩搭的积木突然倒塌了，父母可以帮她找出其中的原因：是不是动作不够轻巧，是不是基础打得不够牢，是不是使用的材料不够恰当等。但是，当女孩再次尝试时，父母千万不要替她包办，应尽量让女孩自己来克服困难、解决问题。

3. 让女孩多和勇敢的同伴交往

心理学家指出，孩子的性格可以在游戏和日常生活中明显地表现出来，这也可以作为纠正不良性格的最佳途径。孩子一般都很爱模仿，父母可以让性格软弱的女孩多和果断勇敢的小伙伴交往，做一些平时不敢做的事，这样可以对她起到潜移默化的作用，让她逐渐养成勇敢的性格。

4. 给女孩提出一些要求

在日常生活中，父母要有意识地给女孩提出一些要求，这将有助于纠正女孩性格软弱、胆小的弱点。

居里夫人的两个女儿，从小都很聪明，可就是性格软弱，非常胆小。居里夫人觉得，如果想在事业上有所成就，必须有胆有识才行。因此，她向女儿们提出了四个"不准怕"的要求：不准怕黑夜，不准怕雷电，不准怕坏人，不准怕疾病。教育她们在面对人生的坎坷和前进中的困难时要勇敢坚强。在她的言传身教和精心培养下，两个女儿长大以后都取得了事业上的成功。

父母可以按照女孩的性格特点，有针对性地提出一些要求。比如，可以要求她不怕黑夜、不怕雷电、不怕下雪、不怕批评等。当夜幕降临时，父母可以领女孩到户外，观察夜空中的月亮和星星，给她讲点天文知识，引起女孩的兴趣，分散她的恐惧心理，这样让女孩逐渐做到不怕黑夜。

让女儿早日学会自立

在现代社会中，能否独立解决问题，主导自己的人生，已经成为一个人立足社会的基础。对身处社会中的个体来说，如果任何事情都要依赖他人而缺乏自立能力，不仅会遭人蔑视，往往也会陷于消极被动之中，无法成就大事，更不能成为自己的主人。

孩子从婴儿时期开始，依赖性就已经开始体现出来了。孩子大约在6个月的时候就表现出对母亲深深的依恋，孩子一般会用啼哭来表达这种感情，并希望以此得到母亲的注意。母亲的拥抱、话语、微笑、注视等，都可以在不同程度上对孩子的啼哭起到镇静的作用。这种早期的情感依赖是孩子得以健康成长的重要因素，如果不能满足孩子早期的依赖情感，就会让孩子形成心理缺失，并严重影响其日后的发展，所以要尽量满足孩子早期的依赖情感需要。但随着孩子年龄的增长，这种依赖性应该慢慢减弱，而其是否会随孩子的成长而逐渐减弱，不但受到孩子天生因素的影响，更取决于孩子从小所接受的的教育。在父母照顾得过于周全、包办一切的家庭中成长起来的孩子，常常不懂得付出，只知道索取，只考虑自己，凡事都想依赖他人，无论对家庭、集体，还是对社会，都缺乏责任感，不仅不能成为自己人生的主人，更无法肩负起民族自强的重担。尤其是对女孩来说，柔弱的天性使她们渴望更多的关爱，更愿意依赖父母。因此身为父母，从小就应该注重培养女儿的独立能力，减少孩子的依赖性。

（一）向女孩传递正确的观念。因为柔弱的天性，女孩通常更容易依赖他人，独立能力比男孩要差很多。然而在如今的社会中，越来越要求个人的独立能力。旧时代女性依赖男性的观念在新时代的大潮中已经被涤荡一空，能够成为自己人生主人的女性，才能创造出一片属于自己的天空，主宰自己的人生。

女性的独立并不意味着放弃那些温婉、细腻、善良等女性优秀的品格，因为这是保证家庭幸福和社会和谐美满的重要因素。所谓的女性独立，是指在保留女性美好传统性格的前提下，提高自己勇敢、果断、坚强等方面的性格特征。因此，父母不能仅仅为了培养女孩的独立性，而忽略了培养女孩的女性气质。此外，父母还要培养女孩的动手、动脑能力，让女孩得到全面发展，使之成为一个既有女性温柔的美德，又性格坚毅果敢，从容面对挑战，勇于向前的新时代女性。

因此，在女孩小的时候，父母就要开始教导她有关独立性的正确认识，不要让她的依赖性过强。告诉她无论遇到什么事情首先要靠自己，让她懂得在今后的生活和工作中独立性具有重要的作用和意义。逐渐帮助她建立正确的独立观念，这种独立观念不仅体现在女孩的日常生活中，让她可以照顾好自己，更体现在其精神和情感之中，让女孩做到精神和情感上的自立。

（二）给女孩独立做事的机会。女孩从小的依赖性就表现得比男孩强，这大多是由于父母对孩子太过娇惯，未能给女孩提供足够的独立做事的机会。

所以，在日常家庭生活中，父母要尽量创造一些机会，让女孩独立处理事物，让她自己去决定、去处理，有意识地培养她的独立能力。比如让女孩自己吃饭、自己叠被子、自己收拾房间、自己洗脸、自己梳辫子或去买一些简单的东西等，都是不错的做法。当女孩稍大一些的时候，就可以让她独自承担一些需要经过一番思考、权衡利弊的事情。父母可以给她提供一些参考意见和提示，做她的参谋，和女孩成为朋友，但是让女孩自己来做出最终的决定，让她在成长中逐渐形成独立思考和行事的能力。如果女孩在独立处理事情时出现了问题，父母可以通过举例、辩证分析等方法，让她对自己的问题有所认识，从而适当地调整和改正自己的做法。

（三）不要害怕女孩犯错误。常言道："人非圣贤，孰能无过。"任何一个成年人都会犯错，更何况是孩子。在女孩独立处理问题和解决问题的时候,也难免会犯下错误。然而在每一次犯错的过程中,女孩都能得到一些经验教训,学到一些对自己有益的东西。犯错的过程实质上是一个不断学习、不断积累的过程。经过摔倒,孩子才能学会走路,即所谓"吃一堑,长一智",培养孩子独立性也是一样的道理。

一个妈妈正在教她的小女儿骑自行车,但是怕孩子摔倒,妈妈总是紧紧地扶着车子跟在后面。然而经过很长时间的练习,小女孩还是没学会,于是小女孩也有些灰心了。后来由爸爸来教女儿,没过多久,小女孩就学会了,妈妈向爸爸询问诀窍,爸爸说:"我只是让她自己摔了几跤而已。"

虽然父母深爱着自己的孩子,但不能陪孩子走完一生。孩子的人生之路如何走,要由他们自己来决定,而父母也只能给他们一些必要的提醒。所以,父母既然要培养女孩独立做事的能力,就不要过分担心她会犯错误。如果总是担心她把事情搞砸,就会让她首先在心理和情感上产生依赖性,培养孩子的独立人格也变成了一句空话。

因此,尽量把一些女孩力所能及的事情交给她去完成,从小就让她减少对父母的依赖性,多给女孩一些独立做事的机会,不要因为孩子的过错批评她,不要打击她的积极性,而是和她一同找出失败的原因,让她的心智和思想在一次次错误中不断成熟起来。这样,随着女孩的不断成长,其独立性才能以加强,她最终才能成长为一个独立自主的女孩。

这些道理趁早告诉女孩

女孩天生就渴望被了解，被亲近，因此喜欢黏着父母。然而自由也同样是她们所渴望的，特别是随着年龄的增长，女孩更不喜欢大人打扰属于自己的那片天空，总有那么多专属于自己的"不能说的秘密"。

要想使女孩茁壮成长，就一定要给她们自由的活动空间，而不让她们拘泥于一个小小的"鱼缸"。许多时候，父母过度地管教孩子，会扼杀孩子的天性，令孩子感到压抑，甚至产生严重的后果。

所以，在家庭教育的过程中，父母千万不能给孩子过多的束缚，要让孩子有足够的自由，少管或者不管那些无关紧要的事情。让她们养成独立生活的习惯，给予孩子足够的信任、尊重孩子的独立人格、放开手给孩子自由，让孩子说出自己喜欢的生活方式，鼓励她探索未知的地方，鼓励她发现自己的"新大陆"。但孩子的人生经验毕竟还十分缺乏，对事物的认识也太过浅薄，如果放手的话，父母难免会担心孩子遭受挫折、承受委屈。因此，父母在防守之前，要给孩子一些人生的忠告。要知道，一句好的忠告会对孩子产生一生的影响。

1.社会不会等着你成长

父母要告诉孩子：人生没有回程票，不是所有的东西都可以重新再来。人处于社会之中，犹如置身于身不由己的舞台，你注定要扮演某个角色，人生充满着各种无奈。在纷繁复杂的社会生活中，如何为自己找到安身立命之处，是摆在每个人面前的课题，社会不会为你而等待，所以你要主动地走向成熟。要成为一个成熟的人，就要时刻充满忧患意识，抱着居安思危的心态，知足常乐，对别人要宽容大度，要懂得换位思考，理解他人，尊重他人。

2.要适应生活中的不公平

要让孩子知道：不是你想要的生活都能给你，总有一些欲望和要求是无法得到满足的。面对生活的不公，你不要选择一味的抱怨，因为无休止的抱怨过后换来的是低落和消沉。不要认为整个世界都辜负了你，也无须质问别人为什么比自己得到的多。每个人都有不完美的一面，都有不如别人的地方，区别只是每个人对此所持的态度不同而已。忽略这些不完美，尽量发挥自己的优势和长处，或者通过自己的努力来弥补自身的不足，才是最需要做的。

与此同时，适应不等于放弃努力，适应只是让你变得坦然，让你以一份平和的心态去面对生命中的风雨。适应是困境中的调和剂，给你一片缓冲地带以帮助你重新调整自我，接受挑战。

面对社会的种种不公——尤其是处于青春期的女孩们——要学会适应，试着用更宽阔的胸怀去接受，然后再尽自己的努力去改变。

当然，如果真的很难挽回局面，那么也没有必要对自己太过苛求，因为你已经尽力了。

少拿别人家的孩子来做比较

不可否认,做父母的,没有谁不爱自己的孩子,经常拿别人家的孩子与自己的孩子相比,虽然出于好意,想让自己的孩子能以他人为榜样,但是,说得多了,孩子的内心就会受到伤害,使得她认识不到自己的优点和长处,丧失了自信心。对父母表扬过的同学产生忌妒甚至憎恨,无形中,孩子的心灵扭曲了。

"她们整天拿我和我们小区的同班同学比较,总是和我说,'你看人家怎么怎么,你又怎么怎么''为什么同一个班,你这次考得没人家好'之类的质问,让我感到非常厌烦,感觉我什么都不如她,一点儿自信都没有,对学习就更没什么兴趣了。"一个孩子这样说。

许多父母都有一个习惯,喜欢拿自己的孩子与别人家的孩子作比较,常常觉得自己的孩子没有人家优秀,或者没人家努力,不知不觉地会用其他孩子的优点来比自己孩子的缺点。

田丽和赵晓梅是邻居,经常在一起玩。期末考试刚过,田丽又跑到赵晓梅家玩去了。没想到田丽刚一进门,赵晓梅的妈妈就问起考试成绩来,田丽告诉赵晓梅的妈妈,挺好的,各科成绩都是95分以上。"你学习总是那么好。"赵晓梅的妈妈很温和地表扬了田丽。这时,赵晓梅早已在楼梯上听到了下面的对话,踌躇着不愿出来。还在想着怎么办的时候,听到妈妈叫她:"赵晓梅,期末考试考得怎么样?成绩单在哪里?"

赵晓梅不得不来到客厅,胆怯地告诉妈妈:"在我房间里。"

看着她无精打采的样子,妈妈有些生气了,"是不是又是坏成绩?去把成绩单拿来,我要看一看。"成绩单拿来了,没有一科上90分。"你真让我感到羞愧,赵晓梅。"妈妈忍不住大声训斥起来,"你的成绩为什么总是这么糟?你为什么不能像田丽一样,你看看人家的成绩!你的学习环境哪一点比她差?你就是不爱学习!天天注意力不集中,不专心听讲,真是气死我了!"虽然已经不是第一次在田丽面前受训了,赵晓梅还是感到下不了台,羞愤不已。

从此,赵晓梅就觉得自己像一只丑小鸭,情绪总是不高,她多么需要得到父母的鼓励。但她从小就感到来自田丽的压力,觉得自己无法比得过她,成绩更是大幅度下滑。任凭父母、老师怎么教育,就是不爱学习,后来仅仅上完初中,便辍学在家了。

经常被父母与别人作比较的孩子,通常会有很多负面情绪,如不开心、无安全感、愤怒和嫉妒等。由于受情绪困扰,她的学习可能会越来越不好。孩子觉得得不到父母注意,父母不爱自己,就是看自己不顺眼。还可能做一些出格的事件来吸引父母的注意,而这些事情往往是父母不愿意看到的。于是父母更认为孩子顽劣不值得疼爱,从而更加拿别的孩子比较,造成恶性循环。

第五章

多点耐心,倾听女孩的内心声音

多听听孩子的话

有一天,一位孩子的妈妈来办公室找我:

她的孩子以前放学回家就高高兴兴地跟妈妈谈在学校发生的事,谈学习的辛苦和甘甜。考试不理想,在学校受了委屈等,都会跟妈妈说。

那时她不愿听孩子说不痛快的事,常常不等孩子说完,就批评她、训斥她。

最近半年来,孩子变了,不爱说了,吃完饭就钻到自己的小屋。孩子有时看书,有时只是坐着想问题,眼里流露出焦虑不安,但也不对妈妈说。

这时妈妈才留恋起过去那无忧无虑的随便交谈的日子,更留恋那互相信赖的毫无保留的母女亲情。

倾诉完以后,这位妈妈问我:"我该怎么做,才能让孩子仍旧像过去那样,和自己不隔心,仍然愿意和我说心里话?"

我说:"问题就出在你自己身上,你犯了一个严重的错误,就是还没等孩子把话说完,就着急着给孩子下评论。"

孩子愿意和我们谈心,愿意向我们倾诉委屈,是盼望能在我们这里得到一些鼓励和安慰,希望我们同情她、理解她,在她不知道怎么办的时候,帮她想想办法。

如果孩子在我们这里得到的不是鼓励、安慰、同情与理解,而是父母的不耐烦，无根据的批评、训斥，她就会觉得说了也没用，还可能挨训，不如缄口不言。这样，父母的做法就成了一把锁，锁住了孩子的心灵之门。

妈妈正在做饭，孩子放学回家后，书包都来不及放下，便兴高采烈地对妈妈说："妈妈，告诉你个好消息，我们小组今天羽毛球比赛得了第一名，把对方打得……"孩子还没有说完，妈妈就不耐烦了，说："没看我这正忙着呢吧，快把厨房的门关上，去学习吧。我以为你学习取得了好成绩了呢，原来是羽毛球比赛呀，这有什么好炫耀的呀！"

听完妈妈的这一番话，孩子刚才的兴高采烈不见了。吃饭时，无论妈妈再提到什么话题，孩子都提不起兴趣来。

认真倾听是有效沟通的开始，然而倾听却常常被家长们所忽视。孩子自尊心是很强烈的，她们说话时，家长心不在焉，或者对孩子的说话内容表现出不屑或嘲笑的态度，都会使她们的自尊心受到伤害。一个自尊心受到伤害的孩子是很容易与家长"较劲"的。所以，家长要想做到与孩子有效沟通，必须要先学会倾听。

"我根本没有办法和爸爸妈妈说话，对我的一些意见，他们总认为很荒谬，觉得我是在狡辩、找借口，许多事情他们根本不征求我的意见，也从来不愿听我的解释。"

对于亲子沟通而言，只要家长和孩子都认真倾听和思考了对方的意见，这样的沟通就是有效沟通。但在现实生活中，却很少有家长能做到认真倾听孩子讲话。

当孩子与家长说话时,也许家长真的很忙,就像上面事例中所提到的那样,妈妈正在忙着做饭,孩子跑来跟妈妈说事情。在这种情况下,家长不能马上倾听孩子说话,但家长至少可以给孩子一个尊重的态度。例如,家长可以这样对孩子说:"你们小组得了第一名呀,真是太棒了,等一下给妈妈详细讲一下吧,现在妈妈要先把饭做好。"相信孩子听妈妈这样说之后,她的兴奋情绪仍然不会减退,更重要的是,她还会一直保持着那种与妈妈沟通的欲望。

"妈妈,这次数学我考了80分……"没等孩子说完,妈妈便暴跳如雷:"才考了80分,你一定没有好好复习。"等到妈妈骂完了,孩子才轻轻地说:"这次考试特别难,我考了第二名。"

"爸爸,老师今天批评我了……"没等孩子说完,爸爸便插嘴:"老师怎么会批评你,肯定是你做得不对。"等到爸爸说完了,孩子才撇撇嘴,委屈地说:"是老师冤枉我了,她后来还向我道歉了。"

生活中,很多家长如果听到孩子这样回答,一定会先教训孩子一顿,比如"你怎么这么自私""你太不懂事了",然后再教孩子应该怎样做。这种没听完孩子话就下断论的愚蠢做法,往往会曲解孩子的意思,由此误解和错怪,亲子间的沟通障碍也就在无形中产生了。无论孩子说什么,你都不要打断她,更不要妄下评论,耐心听她讲述完。

和女孩讲讲身边的趣事

"除了吃饭、看电视,你是否还有其他的时间和孩子在一起,在一起主要做什么?"

我们来听听家长们是怎样回答的:

"除了吃饭、看电视,我和孩子很少在一起,因为我有自己的事情要做,而孩子也很忙,她们不是忙着学习,就是忙着和朋友在一起。"

"即使我们有时间在一起,我们也是无言以对,所以我们会各自忙各自的事情,谁也不干预谁。"

读者家长们也可以在心里写出自己的答案,如果你的答案也与上面家长们的相同,那你就应该仔细想一想了,你都没有为孩子和自己提供在一起的机会,你如何了解孩子?你与孩子都忙各自的事情,那什么时候才能进行一次真正的沟通?

父母除了每天给我塞一堆好吃的,就是没完没了地问我学习的情况。这样让我感到很厌烦,总感觉话不投机,聊天也聊不到一块儿去。我乒乓球打得好,喜欢在家里和他们聊聊乒乓球赛,可是他们一点儿兴趣也没有。在家里爸妈每天说得最多的话就是要把学习搞好,什么成绩、作业、考试、分数,我特别烦这些话题,在学校老师就已经给我们灌输得够多了,在家里还要受"折磨"。

上面是一个孩子的心声,也代表了广大青少年的心声。

静静的妈妈在这方面就做得很好。

静静和妈妈有一个约定，就是母女俩每个月都一起逛一天街，然后一起在外边吃顿饭，再一起看场电影。这个约定已经有好几年了。利用这一天的时间，妈妈会把自己身边的趣事给静静讲讲，静静也会把自己身边的趣事给妈妈讲讲。妈妈在讲述的过程中，会让静静评价一下这样的事情应该怎么办。不知不觉中，妈妈掌握了静静的情况，静静有了新鲜事也乐于和妈妈分享。母女俩相处得跟好朋友一样。

谈点女孩感兴趣的话题

任何个孩子都是这样的——当你与她谈论她感兴趣的话题时，她会与你很好地沟通，把你当作一个值得信赖的朋友。因此，一旦她有什么事情，一定会及时与你分享。而你所说的话，她也愿意接受。在社会上与人沟通时，我们都会想方设法讲对方感兴趣的话题，达到沟通的目的。那么，和孩子沟通时，我们为什么就不能做到这一点呢？各位家长，从现在起，转变以往一贯的作风吧。把我们自己熟悉的语言、张嘴就来、不管孩子爱不爱听的话收起来，尝试着对孩子说她感兴趣的话题。

孩子不是总嚷嚷着与我们之间存在"代沟"吗？我有一个办法能使这种"代沟"降到最小化，那就是——关注孩子正在关注的事情，做孩子的"粉丝"。

孩子喜欢周杰伦，我就上网查找周杰伦的资料，了解周杰伦的最新动态，这方面"专业知识"增加了，孩子就愿意与我沟通了。当然，了解这些明星们的最新动态，我永远都不会比宝贝在行，到最后，我甘愿做宝贝的"粉丝""崇拜者"，宝贝"追星"，我"追"宝贝。每过一段时间，我都会向宝贝打听："宝贝，咱们家杰伦有新作品了吗？"就这样，我与宝贝听同一首歌，看同一部电影，关注同样一个问题……我们之间根本就没有什么所谓的"代沟"。

当然，在我"追"宝贝的过程中，我与宝贝的沟通话题也在不断地增加。忽然有一天，宝贝发现我掌握的时政知识非常丰富，她怕再次与我产生"代沟"，于是她对我说："老爸，我们互相'追'吧！"因此，宝贝也成了我的"崇拜者"。她时不时地问我："老爸，最近又有什么大事发生吗，听说中国的宇航员都到太空去漫步了，他们回来了吗？"

看，如果所有的家长都能这样与孩子沟通，那就不会有"代沟"这个词汇的产生了。

与孩子相处，家长就应该学会示弱，要承认自己有不如孩子的地方。就像上面那位家长一样，甘愿做孩子的"崇拜者"，才能找到与孩子沟通的话题，才能顺利与孩子沟通。

事实上，只要家长能够找到一个真正与孩子沟通的话题，当孩子遇到其他方面的问题时，她们往往也愿意向家长求助，时刻与家长保持沟通。

当然，家长们在采用这个方法的时候，还要特别注意一点，让孩子利用课余时间培养一些兴趣、爱好，如听歌、看电影等，但千万不要让孩子对这些兴趣、爱好"着迷"。如果孩子迷恋上"追星",这也是很严重的一个问题,所以家长做孩子的"崇拜者"时,一定要把握好度。

年轻人最不愿意听什么?最不愿意听同样的话题不断重复。每天吃一样的饭会腻,老爸老妈的话同样如此,孩子听多了,耳朵会长老茧,烦不胜烦。反过来,年轻人愿意听什么,那就是新话题,这一点家长也要铭记于心,饭桌上只有经常变换菜式,才能让人胃口大开,父母的话题也只有经常出新,才能吸引孩子。

家长与孩子交流,需要不断地寻找新话题,即便是一再重复的话题,也要为它注入新的血液,换一种说法,这样孩子才会听得进去,两代人的交流才能得以继续。

一位家长给父母们分享她的经验:

在亲子教育方面,我要比多数家长忙碌得多。何出此言呢?我每天都有一个例行工作要做——上网或是看书,以便及时了解一些新的讯息和动向,这样我在孩子面前常常很威风。每当从我的口中说出当下最流行的话题时,孩子总是一脸崇拜地看着我,还把我当作"垃圾桶""心理分析师",什么话都对我说。

对于那些已经唠叨了上千次的话题,我觉得要尽可能避开,如果是非说不可的话,也尽可能换个说法。例如"我们当年""我小时候如何"这样的话,完全可以改成"比尔·盖茨当年""华盛顿小时候"……这样说,一方面孩子喜欢听,会觉得你在激励她,暗示她会成为大有作为的人,另一方面她会为你知识面宽而感到自豪。忆苦思甜不是不可以,适当忆苦会使孩子更珍爱今天的生活，更加奋发努力，但绝不能把忆苦变成教育孩子的唯一工具，而是要把忆苦变成激励孩子创造更美好的生活的动力。

不得不说，这是一位懂得与孩子沟通的家长。同样的意思，换一种方式表达，就形成了一个新的、孩子愿意听的话题。收到的成效正如她自己所说，孩子很崇拜她，也愿意向她吐苦水。这种沟通结果，不正是我们家长所期望的吗？

用故事来代替大道理

案例一：

王鑫："妈妈，我为什么要读书？"

王鑫妈妈："读书当然是为了以后能过上好日子啦，读的书越多，储备的知识越丰富，就能找到一份好工作，有了好工作就能挣上大钱，这样日子不就很好了吗？所以啊宝贝，你可一定要好好读书，否则你以后的日子肯定不好过。"

案例二：

窦芳："妈妈，我为什么要读书？"

窦芳妈妈："这个问题还挺不好回答的，这样吧，我举个例子说明好了。你不是和大姨家的小强哥很谈得来吗，你觉得他这人怎么样啊？"

窦芳："很厉害啊，这么年轻，就是一家公司的高级主管，拿着不菲的薪水，过着有品质的生活。前两天他跟我说过段时间公司要派他到国外进修，学成回来就要升职，羡慕死我了，难怪所有亲戚朋友都说他前途无量。"

窦芳妈妈："那你觉得咱小区门口摆水果摊的那位哥哥怎么样？"

窦芳："他太辛苦了，不管刮风下雨都得出来，不做生意就没钱花，而且一天也挣不了几个钱。"

窦芳妈妈："虽然小强哥和那位卖水果的哥哥年纪相差不大，但从外貌和境遇上讲，两人却相差很多，一个外表看起来比实际年龄大，生活很艰辛；一个外表比实际年龄小，生活很不错。为什么两人之间有这么大的差异？这与受教育的多少有关。小强哥读书多，知识丰富，从事的工作靠的是脑力，所以不用很辛苦，而那位卖水果的哥哥，因为读的书少，知识不丰富，只能从事体力劳动，就要辛苦很多。你说妈妈分析得怎么样？"

窦芳："很有道理，我现在明白为什么要读书了。"

中国人喜欢讲理，对待孩子的教育，中国父母更是喜欢讲理。那么，跟孩子讲理好不好呢？很明显，单纯的说教非常不好，王鑫妈妈就是一个最好的证明。十几岁的孩子，已经算得上半个大人了，有思想、有意识，此时一切的大道理对她们都无济于事。

窦芳妈妈则没有给孩子讲大道理，而是通过举例子说明，在双方夹叙夹议的讨论过程中，孩子自己悟出了道理，就会明白自己该怎么做。

问题出现时问问孩子的看法

家里的事情父母很少和我说,总认为小孩子什么都不懂。时间长了,我也认为我们之间的代沟很大。我们现在叛逆一点,在他们眼中就叫"浑",我们现在奇思妙想、标新立异,在他们眼中就变成了"胡来"。年龄的差距所产生的代沟越来越深,越来越大,好似东非裂谷带,无法逾越。

如果你的孩子在日记中写了上面的话,你应该怎么办呢?

当你带孩子去参观一位知名画家的画展时,看到那些抽象派的画,孩子突然对你说:"这些画真没意思!"你会有什么样的反应?是大声地斥责孩子"不懂少多嘴",还是耐心地引导孩子去发现这些作品的美?

其实,这代表着家长两种截然不同的沟通方式,前者对孩子缺乏最起码的了解和尊重,用一种居高临下的态度对孩子进行说教,不管孩子接受不接受,他们在单方面向孩子传达自己的信息。这种沟通方式是很危险的,它不仅起不到沟通的作用,而且会使两代人更加疏远,甚至会引起与孩子之间的"情感危机"。

但后者却能起到完全不同的教育后果,例如,当家长听到孩子说"这些画真没劲"时,那些讲究沟通方式的家长就会与孩子进行这样一次谈话:

家长:"你不喜欢这些抽象派的画?"

孩子:"嗯,我觉得很难看。"

家长:"那写实派的画你喜欢吗?"

孩子："写实派的画是什么样子的？"

家长："写实派的画与我们现实生活是一样的，画一切事物都非常逼真，也就是说，写实派的画像照片，只是它们比照片要漂亮很多。"

孩子："噢！那我喜欢这种画。现在我才知道我喜欢写实派的画。"

如果家长能够这样与孩子沟通，不仅可以使孩子增长对艺术的认识，而且还可以增进孩子对家长的敬爱，拉近亲子之间的距离。由此可见，沟通方式不同，所达到的沟通结果也是截然不同的。其实，家长之所以会产生前面一种斥责孩子的沟通方式，还是由于头脑中的封建家长观念在作怪。所以，家长在与孩子沟通时，一定要时刻告诉自己："与孩子沟通的目的是教育孩子，使孩子增长知识或能力，而不是为了斥责孩子，使孩子产生坏情绪。"

父母错了也应向女儿道歉

在传统思想与现代意识的夹击下，父母究竟应该怎样教育自己的孩子呢？父母有没有站在孩子的立场上看问题，如果父母将孩子视为自己的朋友，又是如何对待她的呢？其实，如果真正把孩子当作朋友，并不只是和孩子平等地进行交流和沟通，还有一个重要的环节就是，无论父母还是孩子，只要做错了事情都应

第五章 多点耐心，倾听女孩的内心声音

该向另一方道歉，这是人与人相处中一个很普遍的准则。但对许多父母来说，让他们向孩子道歉是件非常困难的事情。父母会觉得如果自己这样做了，自己的地位就受到了动摇，以后孩子就更没法管了、就会更加不听话了。其实事实并非如此，有这样一个故事。

一位妈妈在去超市买油之前，把瓶子里剩下的一些油倒在了一个小盆子里，放在床头柜上。吃完晚饭后妈妈想把小盆子收起来，却发现油在床头柜上和地上洒了一片。妈妈当时就认定，这些油肯定是女儿在屋里玩的时候不小心碰洒的。于是她就把孩子叫过来问道："你有没有碰过床头柜？"孩子回答说："我没有！""你没碰这油是怎么洒的呢？"孩子始终不承认，妈妈为了教育她，告诉说谎的孩子不是好孩子，还讲了一大番道理来教育。孩子不服气，一边下楼去玩，一边嘴巴里还嘀咕着："说了不是我弄倒的还赖我，真的不是我，就会赖我。"

妈妈很纳闷，心想，难道真的错怪了孩子？她把床头柜上和地上的油都打扫干净了，暂时没有把放油的小盆收拾掉。等她下楼把孩子找回来时发现床头柜上和地上又是一层油。原来是那个小盆有了裂缝，自己渗出油来的。妈妈知道是自己错怪了孩子，赶紧把孩子叫到身边，向她承认错误："孩子别生气啊，妈妈冤枉你了，是小盆破了，才会有油渗出来，不是你碰的。"话音刚落，孩子"哇"的一声哭了，比刚才还委屈。妈妈赶紧说："好孩子乖啊，别哭了，是妈妈不好，妈妈给你道歉好不好？下次遇到什么事情，妈妈一定会等调查清楚了再说……"这位妈妈接受

了教训，再也没有盲目地批评孩子。几年以后，提起这件事来，孩子总是说："一提这件事，我就觉得她是一个好妈妈！"

那么，父母对待孩子到底应该怎样做呢？

（一）如果父母发现家里某个东西被弄坏了，或者孩子犯了什么错，千万不要急匆匆地去质问孩子，要事先搞清楚事情的来龙去脉。要知道，什么事情都有它产生的起因。孩子是需要教育的，因为父母都是为了孩子好，但是在教育孩子的时候，父母千万要明白，这个教育不是盲目的，而是有根据的。

（二）当父母发现自己错怪了孩子，千万不要怕丢了自己的面子，不要以为向孩子道歉是一件多么丢脸的事情。如果你真的错怪了孩子，最好把孩子叫到身边，然后真诚地向她道歉，那个时候，孩子就会因此而感动，并认为自己的父母是最好的。

（三）如果孩子做错了事情，而你对他的教育是对的，但是由于时间或地点不合适让孩子感觉很委屈，而不理你的时候，你应该主动找孩子谈话，或者向他解释其中的原因，不要一直让孩子和你处于冷战的状态，因为和孩子僵持对谁都不好。

但大多数的父母，一方面说要把自己当作孩子的朋友，一方面又向孩子强调他们所谓的权威，让孩子处在一种不知道该如何做的状态。其实在孩子面前，父母没必要时时刻刻都要保持自己的威严。有时候，让自己成为孩子的朋友，甚至不妨让自己成为一个"没长大的小孩"，因为孩子都是喜欢"孩子"的，尤其是充满幽默感的"大孩子"。如此一来的话，父母要想走入孩子的世界就更加容易了。

第五章 多点耐心，倾听女孩的内心声音

和女孩沟通的最佳方法

怎样培养自己的孩子，如何才能与自己的孩子进行无障碍的交流，是所有家庭和父母们所关注的一个重要问题，而这也是当今社会环境下一个很棘手的问题。父母在与孩子沟通时，首先要调整好自己的心态。父母应该进行一个角色的转变，就是由"专制"逐步转变为"顾问"。很多父母在这方面做得不够好。这种转变其实就是说话的口气由"你"变成了"我"。需要承认的是，对女孩传递"你现在就把作业做完"之类的话语已经越来越不起作用了；相反，那些知道如何与青少年时期的女孩进行沟通的父母，在表达自己对女孩的疑问和猜测时，会更侧重于用"我"的口吻。

下面我们就来看一看，稍微改变一下说话的风格，情况会不会发生改变。

豆豆妈妈："我所说的话，你听明白了吗？"

琳琳妈妈："不知道我说的这些能不能让你听明白？"

豆豆妈妈："你以后不要再把钱借给你朋友了！"

琳琳妈妈："如果我让你借钱给朋友，而那位朋友并不打算还那该怪谁？你怎样才能偿还我这笔钱呢？"

显而易见，琳琳妈的那些话会让女孩更乐于接受，并且还能从中受益。因此，每一位父母都应该明白这个道理：对女孩来说，那些带有挖苦和讽刺的命令都是有副作用的。

女孩："老师上课真讨厌，每次上完课都要布置这么多的作业，害得我都没时间玩了。"

豆豆妈："你怎么可以这样说老师呢，没大没小的！她也是为学生着想。你不知道马上就要期末考试了吗？怎么还这么贪玩！"

琳琳妈："作业看起来的确是不少，加油吧，抓紧时间，做完了我带你下楼去玩吧！"

作为父母，你会如何选择呢，是豆豆妈妈的说话方式，还是琳琳妈妈的说话方式呢？豆豆妈妈完全是教训和解释的口吻，完全没有在意女孩的情绪感受；而琳琳妈妈则是兼顾倾听和情绪的表达，特别是不带批判问句的方式，会让青春期女孩乐于分享自己的情绪，因为父母没有企图去堵住女孩的情绪出口。

因此，在面对女孩一些不适当的言行时，希望父母避免急切直接的反应。可以让自己停顿一会儿，心里先问自己两个问题：女孩言行背后有什么样的情绪感受？是什么原因造成了这种情绪感受？就算你知道答案，仍得运用假设性的措辞来作出反应。

事实上，父母最有效的反应就是"你觉得……因为……""听起来似乎……由于……"等类似的话语。当女孩开始叙述时，可以用不打断女孩表达的简短反应，如不时地说"嗯""是的""你说得很对"等，或者偶尔点点头来表示你在认真地听她诉说，以鼓励女孩吐露心声，让她的不良情绪得到宣泄。

如果女孩情绪不好，在家里不时和父母大吵大闹，身为父母就要讲究一些方式了。

方式一：把事情淡化。

女儿为了某事和妈妈发生争执。处于青春期的女儿对妈妈说:"我不要你来管,你知道我现在是叛逆期。"

妈妈听了,回了女儿一句:"叛逆期有什么了不起的,那我现在还是更年期呢。"

女儿的愤怒情绪立刻就停止了,笑个不止。

也许女孩对更年期并没有什么认识,不过我们不得不佩服这位妈妈的机智和幽默。

虽然一些如"叛逆期""更年期"等专有名词不适合作为描述人的"标签",但是亲子沟通中却需要一些不那么严肃的风趣和幽默,如此一来,女孩糟糕的情绪一下子就有了好转。

方式二:换一个角度。

在和女孩对话时,很多父母总喜欢问:"你到底想怎么样?"父母要考查自己的沟通效果,可以换一个角度和语气,比如问女孩:"需要我为你做什么?"这样的话会让女孩听起来更舒服,感觉父母很尊重自己,她就愿意和父母一起讨论问题,对亲子之间的沟通是十分有利的。

方式三:需要引导,而不是强制。

父母要知道,女孩不喜欢父母用命令、催促的口吻与自己讲话。女孩更不喜欢自己被父母用"笨蛋""废物""胆小鬼"之类否定、贬低、侮辱的语言来形容自己。有很多父母不经意间说出这些贬损性的词语,对女孩的内心造成莫大的伤害。在这种语言环境中成长的女孩,可能会发展成心理畸形,对他人、对社会形成难以改变的错误认知。

因此,父母在和女孩说话时,要尽量使用商量的口吻,而不是质问、催促的口吻。和女孩进行平等的交流，选取最佳的解决问题的方案，这才可以形成健康的亲子关系。在这种环境中成长的女孩，父母不用太费心思，女孩很自然地会接纳你的意见，向你打开心扉。

站在女孩的角度看问题

美国家庭治疗大师萨提亚曾经说过："当孩子的确存在需要纠正的错误时，充满慈爱的父母通常会采取很坦诚的办法，询问原因，给予关爱和理解，同时体会孩子的感受。"由此可见，如果父母能够坦诚地对待女孩，多站在女孩的角度看问题，就会减少很多矛盾与隔阂。

随着女孩不断成长，她自己的主张会越来越强烈，并开始有了和父母不一样的想法。于是，有的父母就加以反对和制止。有时，他们的制止会浇灭女孩的一些创造性思维的火花。事实上，父母应该坐下来仔细聆听女孩的想法，给她正确的指导。多站在女孩的角度去看问题，设身处地地体会她的感受。

站在女孩的角度看问题，是对女孩的尊重，也是有效沟通的一种重要技巧。它能避免和减少女孩对父母的戒备和猜疑，削弱甚至消除亲子沟通过程中的不愉快，可以使父母更好地了解女孩，从而使沟通朝着期望的方向进行。反之，如果父母事事以自己的角度为出发点，那么，亲子关系就会变得非常糟糕。

第五章 多点耐心，倾听女孩的内心声音

张含是一位心理医生。最近，她接待了一对互不相容的母女。女儿莎莎说："妈妈回家我就回到卧室，吃饭做作业都待在自己的房间里。早上等她上班走了我才去上学，一天下来也无话可说。"妈妈和莎莎就像陌生人一般，用莎莎的话来形容就是"相敬如宾"。

在莎莎的印象中，她和妈妈之间的交流总是话不投机，说不到三句话就开始吵起来了。就连一家三口坐在一起吃晚饭、看电视的难得机会，也会由母亲发出的一句"你看人家的孩子学习多用功……"而变为妈妈的指责、莎莎为自己辩解、爸爸在两边忙着劝架的局面。

莎莎的妈妈说："我好面子，说话不经大脑，不肯向孩子低头。事实上，我们母女之间怎么会有深仇大恨呢，我说她都是为她着想，但她倒把我视为仇人、陌路人。"而莎莎说："我上小学时，妈妈总是说'去，小孩子懂什么，赶快做作业去，这次还考不好的话，看我怎么收拾你'；到了中学，妈妈的口头禅就变成'你瞧瞧长大了不是，翅膀硬了，都学会顶嘴了'，对于妈妈那套'我是家长，我说什么你得听着'的理论，我早就习以为常了。像现在这样，大家互不干涉也不错。"

听过母女俩的叙述，张含对莎莎的妈妈说："缺少沟通是你们母女之间存在的最大问题，这也是家庭教育中非常普遍的问题。实际上，这个问题也不难解决，只要你能多站在莎莎的角度看问题，就能真正走进她的内心，你们之间的问题也就迎刃而解了。"莎莎的妈妈听后，若有所悟地点点头。

在传统的家庭教育中，有的父母只是一味地向女孩灌输自己的观念和想法，两代人之间就好像上级对下级的关系。而事实上，良好的家庭氛围应该是彼此平等的，父母和女孩之间的沟通应该是民主的、协商的。父母是女孩的老师，但女孩有时候也可以是父母的老师。女孩需要父母多从她的角度出发来思考问题，希望父母能接近她、了解她。这样，女孩才可以和父母越来越贴心，愿意将自己的真实想法告诉父母，并吸取父母的意见。所以，父母要和女孩沟通，就要站在女孩的角度出发，用她的语言、她的心态与她交流。

晚上睡觉前，小玉对妈妈说："妈妈，今天有件事情让我很伤心。""哦？发生什么事情了？"妈妈问道。小玉有些不好意思地说："午睡起床时，我一个人抱着被子跑出去了……"妈妈禁不住笑了起来："哈哈，我们的小玉是不是睡觉睡糊涂了啊？"小玉略显沮丧地说："我也不知道怎么回事，可全班只有我一个人抱着被子出去了。"妈妈问："哦，那你是不是受到老师的批评了？"小玉说："那倒没有，张老师就说'小玉，你怎么抱着被子出去啊'，我还哭了呢。"妈妈说："老师又没说你，你为什么要哭呢？"小玉默不作声。

看到小玉不悦的样子，妈妈这才意识到自己犯了一个错误：我怎么能用自己的感受来推测孩子呢？这件小事对大人来说当然不算什么，也没什么伤心的，但孩子才是真正的当事人啊。我根本没有换位思考，平等地看待这件事。这会让小玉觉得委屈，因为自己的心理没有得到理解，也许下一次，她就不想再跟我沟通了。想到这里，妈妈赶紧抱了一下小玉，对她说："妈妈知道小玉很为此伤心，要是妈妈这样做了，也会很不好意思呢。"这样一番话，小玉刚才不快的表情一下子就缓和了很多，把心里话全都告诉了妈妈，睡觉时嘴角还带着笑意。

生活中，父母要学会体察女孩的感受。当她在外面受了委屈，与好朋友或心爱的宠物分离时，难免会有些伤感，而此时父母如果只是一味地对她说"没关系，坚强一点""这有什么好难过的"，就会给女孩这样一种感受：父母们一点都不能体会我的心情。相反，如果父母能站在女孩的角度看问题，以同情和理解的态度对待她，给予她适当的感情慰藉，产生的效果就会截然不同了。

倾听女孩的心声

对一个内心苦闷的人来说，他最渴望一个好的听众，能听听他的倾诉，跟他一起分担忧愁。女孩更是如此，她总希望父母能成为自己的知心朋友，倾听她的心声，分享她的快乐和忧伤。

生活中，我们常常会听到父母发出这样的感叹："孩子有什么话都不愿意告诉我，无论我说什么孩子也听不进去。"孩子也会抱怨说："爸爸妈妈总是自己说自己的，可我想说的话，他们一点都不听。"这就是亲子间的沟通出了问题，要解决这个问题其实也很简单，父母只要学会倾听就可以。

倾听是父母向女孩表示关怀的一种方式，有助于亲子间形成良好的关系，并建立友谊。倾听也是父母了解女孩最有效的途径，父母要多抽出一点时间来倾听女孩的心声，让女孩觉得父母对自己很关注，她就会向父母敞开自己的心扉，让父母知道她的真实看法和感受。而且，她也会越来越信任自己的父母。反之，如果父母经常打断女孩的倾诉，那就会中断亲子之间的沟通，女孩的心灵之门也会从此关闭。

一个夏天的早晨，天气十分炎热，妈妈骑着自行车送女儿去学校。妈妈身上的汗一直流个不停，连衣服都给浸湿了。女儿坐在自行车的后座上，向妈妈述说着班级里和同学不愉快的事，妈妈本来就很烦躁，再加上身体的疲累，根本没有心情听女儿的讲述。

女儿的声音慢慢地小了下来。突然，她对妈妈说："妈妈，我突然想起来了，老师让每人带一盒橡皮泥。"妈妈表现得很不耐烦："早怎么不说，刚才经过文具店你怎么不吭声？"于是，妈妈费力地将女儿带到了文具店门口。可是，女儿却生气地从自行车上跳下来，说："不买了。"

到了学校后，妈妈质问女儿为什么不听话，女儿哭着对妈妈说："妈妈，你知道吗？我们小孩也很可怜！"妈妈一下子愣住了，女儿的脸憋得通红，然后气鼓鼓地对妈妈说："你们大人心烦的时候可以拿我们小孩来出气，可我们小孩心烦的时候，能找谁发火？我们心情不好的时候谁会听我们说话呢？"说完，女儿头也不回地跑进学校。

第五章　多点耐心，倾听女孩的内心声音

"我们小孩也很可怜"，这或许是很多女孩共同的心声。在很多家庭中，父母根本没有时间、也没有耐心认真听女孩的倾诉。有调查显示，很多父母在一周内，认真听孩子说话的时间还不足30分钟。一位教育专家曾经说过："父母要想和孩子沟通，学会倾听是非常必要的。倾听是和孩子有效沟通的前提。不会或者不去倾听，就不可能知道孩子的真正想法是什么，连孩子想什么都不知道，何谈沟通？"

教育专家认为，倾听孩子的诉说是开启孩子心灵之门的钥匙。其实，学会倾听不光是父母听女孩讲话，还要和女孩"交心"，让女孩和父母共创一个懂得分享的世界。在倾听女孩说话的过程中，父母应掌握以下几个要点。

1. 不要利用倾听否定女孩的想法

父母倾听女孩说话，不能只表现为一种姿态。有的父母将倾听当作一个技巧来使用，只是用此来"骗取"女孩的信任，"套"出她的真实想法。一边做出倾听的样子，一边想着驳回的理由和如何才能转变她的想法，对于她的可取之处一点都不予以考虑，只要与自己的看法不符就一概否定。如此反复几次之后，女孩就会有上当的感觉，此时父母再想和女孩亲近就很困难了。

2. 在倾听中表达对女孩的爱

父母在倾听女孩说话的过程中，要从身心两方面表达对女孩的爱。父母不要对她说："你为什么不早告诉我们？"或"你怎么会做这种丢人的事情？"相反，父母要适时地搂住女孩，并给她一些积极的鼓励，比如，"我很骄傲你能告诉我们这件事"或

"我很高兴事情并不太糟"。

3.将专注倾听的态度传达给女孩

无论女孩谈论的是多么简单的话题,只要父母能表现出很感兴趣的样子,女孩就会非常愿意继续讲下去。反之,如果父母一脸阴沉,缄默不语,一副漫不经心的样子,女孩就会对此感到很失望。慢慢地,她也会变得对任何事情都不关心,并且不会把自己的心里话告诉父母。那些经常在课堂上不爱思考、很少发言的孩子,幼年时可能就缺少倾听者。而且,女孩如果从小对自己的语言魅力一无所知,就会对自己的语言表达能力失去应有的信心,日后就会羞于表达自己的情感。所以,父母要向女孩表现出自己专注倾听的态度。

首先,父母可运用表情的变化。比如,保持微笑,并时不时地做出吃惊的样子。孩子最喜欢看到别人吃惊的表情,用大人的话来说就是"大惊小怪",她也希望看到父母对自己所说的事情感到吃惊。因为在她看来,能把父母吓住,可以证明自己的本事很大。

其次,用语言来表达。在倾听孩子谈话的时候,父母可以用简单的话语,比如"太好了""真是这样吗""我也是这样想的""你的想法真是太棒了,继续说下去""我简直不敢相信"等来表示你的兴趣。

第六章

财商教育，训练女孩正确的金钱观

如何做好孩子的财商教育

　　许多品学兼优的学生走上社会后，由于缺乏理财能力而陷入贫困之中。财商教育的兴起，正冲击着我们这一传统的教育模式和教育理念——"只要学习好就一切都好"。

　　美国劳工部的一项调查显示，100个收入相当、家境相当的25岁年轻人，到65岁退休后的经济状况为：1人富有，4人不需继续工作，5人仍需继续工作，12人破产，29人死亡，其余49人需要靠政府救济、他人借贷或社会福利的资助来过日子。诚然，导致以上社会现象的原因可能有很多，但笔者认为，财商的高与低是决定这100个年轻人退休后经济状况的最重要的原因。大部分年轻人理财观念滞后、理财意识不强、理财技能欠缺，使得他们终身为钱奔波，无法实现人生的财务自由。

　　财商，指的是一个人认识财富和驾驭财富的能力，是赚钱能力、管钱能力和花钱能力的集合。按照西方的理论，情商、智商、财商，是人一生成长中最重要的三个基本素质。美国教育基金会会长、培养出1000多名CEO的教育专家夏保罗先生一直强调财商的重要性，他说："一个人智商不足，可以用财商来弥补；情商不足，也可以用财商来弥补；但如果财商不足，就算智商和情商再高也难以弥补。要想子女成才，就一定要从小对他们进行财商教育培养。"

总之，家长们应重视财商教育，系统地掌握提高财商的科学方法，教会孩子合理运用各种金融工具，走资本运作之路，最终走向财务自由。

从零花钱开始训练女孩理财

女儿已经上初中了。作为父母，我认为应该适当给孩子一些零花钱，有助于从小培养她的理财意识，使她认识到零花钱在生活中占有重要地位，学会通过使用零花钱来创造自己的生活。我的具体方法是采用"自主经营、自负盈亏"的方式。

定期给女儿一定数量的钱，让她自己安排开销，指导她把每一项收入和支出详细记录下来，做出预算、节约和消费的决定，并把多余的钱存到银行。

我将女儿的零花钱数量控制在与她的伙伴大致相当的水平上，太多容易产生炫耀的心理，也容易大手大脚，太少孩子会盲目攀比、挫伤自尊心。

至于零花钱的使用，则由女儿全权负责，一次性发放给她，由她自己支配，我不直接干预。原则是"少了不补、多了不退"，即提前用完了不增发，结余了不回收。

刚开始女儿还不习惯，钱花出去经常不知花在什么地方。于是我便经常了解她零花钱的支出情况，给她当参谋，分析哪笔钱该花，哪笔钱可以省下来，但不干预她自主决策。

随着时间的慢慢推移，女儿渐渐知道如何开源、如何节流了。她把以往当成破烂扔掉的旧报纸、纸箱、饮料罐积攒起来，卖了钱自己支配。买东西也学会了货比三家，能与商家砍价，还时不时地与我们探讨省钱的小窍门，而且主动罗列出自己的花钱计划向我咨询。女儿的零用钱偶尔因使用不当发生"赤字"的时候，我会帮她分析原因，找到解决的办法，但不会给她更多的钱来弥补，而是让她自己渡过难关。因为只有这样，女儿才能懂得零花钱无计划所带来的严重后果，从而学会对自己的消费行为负责。

女儿的学习能力出乎我的意料，不到一年，她的理财观念迅速增强，对钱的掌控越来越自如。

最让我感动的是，今年我生日那天，她用自己的零花钱给我买了一个很漂亮的蛋糕为我庆祝。看来，"自主经营、自负盈亏"的零花钱方式取得了成功。

上面这位家长的成功经验是不是对我们有所启发呢？

其实，给女孩零花钱是一门大学问，也有很多"大讲究"，这需要父母们慢慢探索和学习。

看看现在的孩子，很多都是短暂快感的追求者。在理财教育欠缺的家庭，都是父母给多少女孩花多少，花完了再找大人要，结果是孩子花钱越多越觉得不够花。所以，零用钱使用的计划性很重要。这个计划最好是在给钱的时候制订，父母不直接干预，但要监督、检查。

那么，这个"计划"该怎么制订呢？

树立女孩购物预算的意识。在给女孩零花钱的同时让女孩自己"预算":每周需要买些什么东西,这些东西价格大概是多少,比如每周的早餐、需要购置的学习用品、车费等。父母还可以给女孩一些额外的钱(每周固定),用来防备女孩的"急用"。除此之外,在这一周内不要再给女孩钱。不要在女孩的请求下为她支付一些不必要的开支或者替她弥补乱花钱造成的"财政赤字",否则,永远都无法让孩子学会有计划地开支。

可以给女孩一个小记账本,要求女孩记录零花钱的用途、时间。记录零花钱的使用情况可以帮助女孩有效地控制及运用自己的金钱,有助于女孩养成审慎理财的习惯。父母可以在每次发下周的零花钱时,跟女孩一起认真检讨上一周零花钱的使用情况。看看哪些方面做得比较好,哪些方面做得不够好,需要改进。每周审核,以检查女孩的开支是否合理及进行一些必要的消费指导。

节俭生活并不是穷人的专利

节约是一种美德,什么时候提起都不会过时。在独生子女越来越普遍的今天,尤其是父母收入有很大提高的今天,对孩子的节俭教育已经大大地被忽略了。长此以往,其后果的严重性不难想象。一个没有俭朴习惯的孩子,不会懂得父母的钱来之不易,也必然不会爱惜自己的衣物、图书和玩具。

同样，一个没有俭朴习惯的孩子，长大后也不可能热爱工作，因为俭朴与勤劳是紧密相连的。很难想象一个不懂得爱惜东西、珍惜金钱的人会热爱工作，或愿意工作。当然，这种孩子也不会有艰苦奋斗的精神。因为只有懂得辛劳的人，才懂得一衣一食一物来之不易，也才懂得俭朴，在工作或事业中刻苦顽强。

邓卓是个在蜜罐中长大的孩子，她的爸妈都是很成功的企业家。邓卓要什么东西从来都能得到满足。邓卓不知不觉中变得爱攀比，穿衣服都是名牌，出门从来不坐公交车，邓卓的爸爸很着急。他觉得再不对邓卓进行理财教育，邓卓以后的工作和生活都会遇到挫折。为此，爸爸决定给邓卓讲讲洛克菲勒的故事。

"靠勤劳积累了大量财富的洛克菲勒也非常注重节俭，他对孩子零用钱卡得很紧很死。他规定，孩子七八岁时每周30美分，12岁每周1美元，12岁以后每周两美元，每周发放一次。他还发给孩子每人一个账本，让她们记清每笔钱支出的用途，领钱时交给他审查。如果账钱清楚，用途得当，下周递增5美分，否则就递减。她还鼓励孩子做家务并给予奖励，如逮100只苍蝇奖10美分，抓1只耗子奖5美分等，并对背柴、垛柴、拔草、擦皮鞋都明确提出奖励额度。"

邓卓听完爸爸的讲述，觉得自己过去的做法太不对了，她也和爸爸商量好了，以后靠自己的劳动赚取自己的零花钱。

其实，美国许多百万富翁的孩子，常在校园里拾垃圾，把草坪和人行道上的破纸、冷饮罐头收集起来,以此领取学校给他们的一些报酬。他们一点也不觉得难为情,反而为自己能挣钱感到自豪。有的家庭经济并不困难,但也要让十几岁的孩子出去打工送报,挣零花钱。他们的目的不在于孩子能挣多少钱,而是为了培养孩子自力更生、勤俭节约的良好习惯。

我们中国的家长,不要总是把孩子当成经不起风雨的幼苗,而是应该给孩子进行恰当的理财教育,这对孩子以后的发展有很大的帮助。

用压岁钱打理孩子的金钱观

当我们还是孩子的时候,还记得自己有多急切盼着过年吗?过年似乎是寒冷冬天里唯一的渴望。到了除夕岁末,不止有好吃的、好玩的,还有零花钱。揣着一笔或多或少的压岁钱,我们的心中都在盘算如何实现自己的小计划了。可是好景并不长,年一过,父母就会用各种理由收缴了我们的压岁钱,最后我们的小计划还是落了空。那时候我们想,如果我们是父母的话,一定要让孩子自己拥有压岁钱。

而如今,我们由拿压岁钱的孩童到了给孩子发压岁钱的成人,摆在面前的问题就是:我们真的相信孩子们可以自己利用好这一大笔钱吗?其实,只要做到节前沟通、事前安排,就可以引导孩子,合理花销,利用这个机会培养孩子的理财意识。

春节前，父母可以与孩子坐下来，就压岁钱的问题进行一些讨论和沟通。需要沟通的事项主要有以下几种：

1.压岁钱的来源与实质

在讨论和沟通中，父母们应抓住一个重点，即压岁钱是父母对他人的一种情感和经济负债。说白了，孩子收到的压岁钱，并不完全属于孩子的"私产"，而是家庭的共同财产，其原因在于收到的绝大多数压岁钱，父母是需要偿还的。

2.建立报告制度

收到压岁钱时，孩子应当告知父母。对于爷爷、奶奶、外公、外婆给的压岁钱，父母在随时掌握孩子"私产"的基础上，可以适时进行一些花钱方面的引导；对于亲朋好友给的压岁钱，孩子需在父母在场并同意的情况下收取，这样孩子收到了谁的压岁钱，数额具体是多少，父母就可以心知肚明，胸中有本账，以便日后"礼尚往来"。

3.确定保管方式

共同讨论确定压岁钱的保管方式，是父母与孩子必须讨论的话题。如果父母与孩子一道在外地过春节，那么，孩子收到的压岁钱可由父母代为保管。若孩子与父母在本地过春节，那么，孩子收到的压岁钱，可以先由孩子自己存入个人银行账户中并自行行使保管的职责。作为父母，同时应建议孩子，待到新学期开学前，再共同商量这些钱究竟该怎么花。

4.明确列支零花钱

对于孩子收到的压岁钱，在一个什么样的额度内可以由孩子自由支配，父母们可在春节前夕与孩子沟通，约定一条杠杆。当然，这要以家庭所在城市的消费水平和消费习惯而定。

会花钱也是一种能力

西方家庭认为，给孩子零花钱必须要达到两个目的：一是从小就要让孩子学会懂得财务预算；二是从小就要让孩子了解劳动与报酬之间的内在联系，并在他们心中打下深深的烙印。因而，他们一般不会无计划地给孩子们钱，而是定期发给孩子一份必须用于特定基本需求预算的固定数量的"基金"，另加一些可由他们自由支配的零用钱。这一部分零花钱只是孩子作为家庭的一个成员分到的家庭收入的份额。与此同时，期望并鼓励孩子能承担一些做家庭杂务的责任。而额外的家庭杂务，比如需雇人的杂务由孩子们来完成时，父母就会付给孩子一笔额外的"收入"。这笔额外的收入不仅会使孩子们了解到劳动与报酬的关系，而且还会增加她们劳动的乐趣。

此外，当孩子们有什么事做得让父母高兴或失望时，美国家庭一般不会通过增加或减少零花钱的方式对孩子进行奖励或惩罚，而多半采取其他适当的方式来鼓励和教育孩子。

为了树立孩子们的金钱责任感及价值观，父母们还制定了一些孩子如何使用零花钱的准则。这些被西方家庭普遍遵循的准则是：

不管父母对孩子说些什么，父母自己的理财方式是最具有说服力的；

定期、准时发给孩子零花钱，从不用孩子提醒。定期性是教孩子们学习花钱规则的关键所在；

尽可能少地预付孩子零花钱，让她们学会收支平衡的原则；

零花钱的数额基于家庭收入境况、孩子年龄和乐意接受的程度，以及期望她们用来做什么来决定；

包括一部分让孩子自由支配的数额，以便让她们学会如何在花钱时做出正确的选择；

对孩子的花钱行为进行一些必要的约束，以便使其消费习惯符合家庭的规定及家庭价值观；

从不用零花钱去"购买"孩子们对父母的爱，也不用它来代替父母用于教育孩子所必需的精力和时间。

美国家庭认为，这种因势利导、切合实际的理财教育，会使孩子们获益匪浅。事实也是如此：他们的孩子一般都具有很强的独立性和经济意识，在经济事务上的管理和操作能力也很强，这为他们培养造就大批优秀的经济管理人才提供了雄厚的人力资源基础。

虽然青少年还没有经济来源，但是他们用钱的时候并不手软。许多家长都反映过这个问题。有时候家长都舍不得买的东西，孩子手里有了钱就会毫不吝惜地买下来。许多超出他们购买能力的商品也都会想办法得到。青少年的毛病之一就是乱花钱，不懂得计划与限制。帮助他们处理好这个问题是理财教育的重要内容。

在中国，要想让孩子学会用钱，需要他们制定财务预算。制定预算的目的是要让孩子懂得，花钱是要负责任的。在自己的收入范围内要保证自己始终有足够的钱，而避免那种因买太多想买的东西而无法付款的尴尬，解决的方法就是做一个预算表，它是管好钱、有计划用钱的基础，也是避免孩子乱花钱的安全网。

做好了预算，就要给孩子养成会买东西的习惯。买卖并不仅仅是一手交钱一手交货那么简单，而是多方考察之后买性价比最高的商品。在对孩子的理财培养中，购物的眼光和技巧是十分重要的内容，要让孩子在购物时学会了解商品和讲价钱，而且越早越好。

我们在买东西时都考虑什么呢？一般我们要考虑商品的价格、商品的质量、商品的耐用性和可能会牵扯到哪些相关的花费（诸如维修、保险或者必需的零配件等等）。教育孩子掌握这些手段和方法，在购物时成为一名精明的顾客，只有这样才能买到物有所值的商品。

买卖是与人交往的过程。我们要教会孩子在购物时不要被别人的言语所左右。必须要在这种说法被证实后才可做出自己的决定。特别是现在很多广告都华而不实。我们要让孩子知道，广告中存在虚假成分是公认的事实。这种虚假对成人有害，对孩子更加危险。因而要让孩子认识到：广告能促使你购买一些并不需要的物品，这只是商家为了盈利而采取的一种手段。大多数厂商依赖广告的原因并不是由于广告传递了产品的信息，而是广告能说服顾客购买产品。

买食物之类的东西是一回事，买大件商品又是一回事。因为大件商品买错了，会花很多冤枉钱，因此，要教会孩子尽可能地了解商品，并在不同牌子之间作比较。

女孩爱攀比怎么办

现在的孩子不知不觉就会和同学攀比。当然，很少时候会比成绩，更多的时候是比衣着，比名牌，比消费。不同的家庭环境，消费能力自然不同。我们要教育孩子，认识贫富差距。只有能够正确认识贫富差距，才能正确认识财富。

我认为，培养一个优秀的孩子，就要让他们认识到要花钱，自己赚，要想过富有的生活，就要付出劳动，不劳而获只能出现在幻想中。一份耕耘才会有一份收获。家庭富裕的孩子更应该意识到这点，而不是依靠父母得到安逸富足的生活。

我的女儿也曾经跟我要一些超出我能力范围的东西，对此，我是这样回答她的："别人有的东西你不可能都有，因为你也有别人没办法拥有的东西；有的东西价格昂贵，超出了咱家的购买能力；有的东西家长不想买，因为家长想把钱花在最有用的地方。"

贫富差距是非常现实的一个问题。生活中永远有比我们富裕的家庭，从小在优越环境中长大的孩子们，更要认识到这点。可是，现实生活中，有些孩子因为家庭贫困而觉得自卑，在同学之间抬不起头来；有些孩子因为家庭富有而扬扬得意，总觉得自己高人一等，喜欢嘲讽贫困的同学。面对财富差距，这两种心态都不正确。

考上重点中学，全家都很高兴。新学期开学第一天，孙露高高兴兴地去上学。回到家却愁眉苦脸。

妈妈很纳闷："孙露，你怎么了？"

"妈妈，我能买一身新的衣服吗？我们同学都是一身名牌，只有我，穿着批发市场买回来的衣服。"

妈妈知道问题出在哪里了，她安慰女儿："孙露，不要在意你同学的富有和自己的贫困，因为他们的钱是靠她们父母挣来的，那不是值得炫耀的事情。当你在富有的同学面前感到自卑时，你可以想想还有很多和你这么大的孩子上不起学，甚至连饭都吃不饱。所以，你应该感到幸运。虽然现在我们家没有你那些同学家富有，但只要我们一起努力，很快就会改变现状的。孙露，你现在的主要任务是学习，你取得了好成绩，比什么都重要。当你自己通过努力学习考上好大学，有了好前程，就有能力买你想要的东西了。"

孙露理解了妈妈，以后便更加用功地学习了。

我们来看看另一个家长是怎样做的。

蔡先生最近很是困惑，因为她的宝贝"非名牌不穿"。

宝贝又央求蔡先生给她买双耐克的鞋子，蔡先生不同意，谁知道宝贝理直气壮地说："我的好多同学都穿耐克的衣服，阿迪的裤子，鞋子最起码也是李宁的。平时上学要求穿校服，只有穿出一双比较高档的鞋子才能表现出我的个性，而且名牌球鞋多数是由大牌明星代言的。所以我更看重鞋，班里同学对于鞋子都超讲究，谁穿上新款就是班里的明星。我们班里四十多人，大家几乎都有耐克、阿迪等名牌鞋，有的甚至是三双到五双，每双至少五六百元。我们班里同学很多戴名牌表，每人都有手机。如果我不穿名牌，就会很没有面子，遭同学议论。所以，你得给我买一双新款的耐克的鞋子，让我在同学面前风光风光。"

蔡先生听完宝贝的"理由"，觉得不能"委屈孩子"，决定勒紧裤腰带，满足孩子的要求。

贫富差距是一个严重的社会问题，如今已经波及孩子。一些孩子因为没有名牌而不愿意上学，害怕被同学嘲笑；一些孩子因为家境贫穷而变得自卑、孤僻，不愿意与同学交往；一些孩子因为家境不富裕，对富有的同学产生偏见，甚至是仇视，继而产生矛盾；一些孩子见到别人穿好的、吃好的，产生了攀比的心理，回家后缠着父母要这要那……家庭之间的贫富差距，逐渐在孩子的心理留下了阴影。

其实，所谓差距只是相对的，没有绝对的富有，也没有绝对的贫困。哪怕是世界首富，可能今年是首富，明年就可能是其他人。

没有哪个人的钱是从天下掉下来的，富有的人之所以富有，是自己不断努力的结果。让孩子明白了这一点，孩子才能用平和的心态看待富有的人，然后通过向别人学习，来努力实现富有的愿望。家长可以告诉孩子:"你也有成为富人的实力,只要你现在好好学习,不断提高自己的各方面能力,将来你就能成为富有的人,成功的人。"

孩子会逐步认识到,财富不是评判她人的唯一标准,因为生活中还有许多美好的东西,如亲情、友爱、品德、情趣、性格、特长等。

第七章
经常提醒,加强女孩的安全教育

不咬铅笔头，不用香味学习工具

10岁的吴小莉有个坏习惯，那就是爱咬铅笔头，每次都将铅笔咬得乱七八糟，有时连漆都咬掉了。对于孩子的这个习惯，吴小莉的父母不止一次地提醒过，但是孩子一时难以改变，也就由她去了。

最近，父母发现吴小莉的情绪有点暴躁，经常乱发脾气。这让父母有点纳闷，也有点担心，生怕孩子身体出了什么问题。趁着周末陪孩子去医院做了做检查，医生问了问孩子有没有吃什么东西或者有没有什么坏习惯。父母想到孩子爱咬铅笔头的习惯，连忙说出来。医生建议孩子做一个血液检查。检查结果出来，吴小莉的父母很惊讶，孩子血液中的铅含量已经超出了安全范围，属于轻度的铅中毒，原因在于咬铅笔头。

咬铅笔头是普遍存在于小学时期孩子身上的一种现象，他们习惯于在写作业过程中，咬咬铅笔头。这只是一种本能的行为，就像刚出生的孩子习惯吸吮手指一样。但是这种行为是有害身体健康的。此外，在孩子的学习工具中，不仅仅只有铅笔存在安全的隐患，涂改液等学习工具都可能对孩子的健康造成损害。

学习工具使用不当给孩子带来的安全隐患分为显性和隐性两种。

翻看小学生的铅笔盒，很容易发现像圆规、直尺这种学习用具，如果使用不当，就很容易扎伤孩子。如果孩子拿着这些玩具闹着玩，稍不小心，可能会扎伤自己或别人。

孩子的学习工具中还有很多隐形杀手，例如涂改液、铅笔、香味笔等工具。

涂改液：含有二氯甲烷、三氯乙烷和对二甲苯等物质。它们非常容易散发并且游离在空气中，一旦被人吸入，会引起慢性中毒，使血液组成发生变化，影响神经系统，使人产生头痛、恶心等症状；如果吸入量过大，就会危及生命。这些涂改液滴到皮肤上时也会出现问题。

铅笔：铅笔中的墨对孩子危害其实不是最大的，最大的危害在于外面涂的那层油漆。油漆涂料中含有甲苯、二甲苯等中等毒性溶剂，对人体具有麻醉、刺激作用，即使少量吸入也会给身体造成极大的损害，让人出现不同程度的中毒。

香味文具：现在孩子很喜欢散发着香味的铅笔盒、荧光笔等文具，殊不知，这些文具对身体有极大的损害。专家称，大部分香味文具中都含有不同程度的苯酚、甲醛、汞、烷等有毒化学物质。如果苯浓度超标，使用者轻则会出现头痛、恶心、眼鼻咽喉发炎，严重的可能引发白血病。

孩子的学习用具存在着许多隐患。因此，父母教给孩子正确地选用学习用具，并合理地利用，对孩子的健康和安全有着重要的意义。

第一，合理选择学习工具。

现在的市场上，孩子的学习用具五花八门，应有尽有。为了吸引孩子的眼球，不少商家推出香味文具，例如涂改液、荧光笔等。这些用具味道很香，却含有超量的有毒化学物质。为此，父母给孩子选择学习用具时，尽量选择普通、没异味、有国家安全认证的用具，为孩子的安全把好第一关。

第二，纠正孩子的不良习惯。

孩子爱咬铅笔头、爱用圆珠笔在身上乱画、用手指按涂改液头等，都是不良的使用习惯。家长发现，一定要及时纠正，告诉孩子这么做的危险性，不能让这些坏习惯继续下去。

第三，让孩子不把学习用具当成玩耍用具。

孩子们在一起嬉戏玩耍时，经常将直尺、圆规、三角板等学习用具当成自己的"武器"攻击别人，随时可能出现误伤的情况，一旦发生，后果可能很严重。因此，告诉孩子一定不要把这些危险的学习工具当作玩耍的用具。

为了孩子的安全，父母一定要提高警惕，及时教给孩子正确使用学习用具的常识，让孩子免受来自于学习用具的隐性和显性危险，使它们真正成为孩子学习上的好帮手。

女孩要学习的户外避险常识

在户外活动，是存在风险的，尤其是孩子，对风险认识不够，自我防范意识不强，很容易在玩耍时发生意外，受到伤害。

第一，户外活动隐患多。

在放学或者假期的闲暇时间，很多小朋友爱在自家的门外嬉戏打闹，孩子们一起玩耍既能增加感情，又能给自身带来健康和快乐。一般来说，孩子在自家门口玩，父母会特别放心，总觉得在自己眼皮底下玩不存在什么安全问题。其实不然，在自家门口玩，也存在很多隐患。

雷击是户外常发的一种自然危险，多发于高地、高树下、比较孤立的平地上、宽阔多水的河谷、高压线塔周围以及地下金属矿藏丰富的地区。很多孩子在户外玩耍时，遇到雷雨天，爱到大树下避雷、躲雨。这种躲避方式不仅不能有效地躲避雷电，反而使危险更大，有的孩子因此失聪甚至死亡。

第二，教给孩子一些避险常识。

在户外，孩子常遇到的自然灾害主要是雷电灾害和火灾。面对雷电灾害，让孩子在雨天时尽量避免出门。如若在路上遇到雷电天气，就要教孩子一些躲避雷电的常识，告诉孩子一定不能选在高树下、比较孤立的地区避雨；如果躲避不开，要尽量双脚并拢蹲在低洼处，或者坐下，双脚或臀部与地面接触，手和臂不要接触地面。这样都能有效地躲避雷击。

对于火灾，首先让孩子在户外玩耍时尽量不要玩火。如果发现远处有不寻常的火光、浓烟或闻到有火烟味，应立刻提高警惕，尽可能向远火端撤离。如果山火已经很近，或已经被包围，就捂紧嘴，朝逆风方向并且火势相对较小的地方跑，这样利于逃生。

户外活动隐患很多，父母要有意识地将避险知识告诉孩子，并且教给孩子一些基本的避险方法，让孩子远离户外活动所存在的隐患，避免发生意外，让孩子拥有健康、安全的童年生活。

在运动中保护自己不受伤

"杨阿姨，彤彤被车子撞到了，您快点来看看。"小伙伴冯彪急急忙忙地对彤彤妈妈说。

"怎么会呢？你们不是在楼下的花园一起玩的吗？"杨妈妈有点不相信地说。

"是真的，我们一起在路上玩滑板，彤彤没看到过往的车辆，结果被撞了。"冯彪解释道。

"说过多少次了，玩滑板去小广场玩，怎么不听话，又去路上玩。"杨妈妈又生气又着急地说道，脚步明显加快，朝出事地点跑去。

彤彤已经被吓傻了，半坐半卧地在地上捂着腿，司机正在问她怎么样，彤彤一句话也不说，看到妈妈来了，"哇"的一声就哭了。杨妈妈连忙哄着孩子，司机告诉她已经叫了社区的医生，马上就到。

经过医生的检查，彤彤没什么大碍，只是腿擦伤了皮，不严重，养两天就没事了。彤彤通过这次教训，再也不敢在路上玩滑板了。

运动对孩子的成长有很多好处，但是孩子在运动中受伤的情况也屡见不鲜，这是由于孩子还没有对适当运动有一个清晰的概

第七章 经常提醒，加强女孩的安全教育

念。父母在鼓励孩子多多运动的同时，还需要对孩子加强运动方面的安全教育，避免孩子因为过度运动或者其他因素发生危险。

孩子爱好运动，这是件好事，既可以锻炼孩子的身体，磨炼孩子的意志力，又能促进孩子的生长发育。可是运动不当的孩子却有很多，孩子的身体发育还尚未成熟，很容易受伤甚至造成后遗症。作为父母，要注意孩子在运动中的状况，让孩子注意在运动中保护好自己。

第一，谨防运动中存在的安全隐患。

孩子处于好动的年纪，几乎一刻也静不下来。父母也知道多做运动对孩子健康成长有非常大的好处，所以对孩子的运动给予支持和鼓励。但是，很多父母和孩子都忽略了这样一个问题：运动中也存在很多的安全隐患，孩子运动不当会造成严重后果。

1. 体育课上的安全隐患

孩子在上体育课的时候，由于不听从老师或者教练的指导，错误使用体育器材，或是自己不注意，容易发生跌伤、夹伤、刺伤等多种意外情况。孩子在玩球类运动的时候，会遇到和对方球员在比赛中有冲撞推挤的情况，会给孩子造成伤害。

2. 游戏中的安全隐患

孩子在嬉戏的时候，很容易失去控制，进而造成不必要的损伤。比如，孩子在玩打雪仗的时候，稍微不注意分寸，就有可能因为用力过猛，击中朋友的要害，而造成伤亡事件。

3. 业余运动中的安全隐患

孩子穿不合适的服装或鞋进行运动时，会增加孩子受伤的概

率。比如孩子在玩滑板的时候，没有戴头盔和护膝，稍不注意，就会给孩子带来极大的伤害。

孩子在运动中，事先没有做好热身运动，空腹或者吃得太饱，也会发生意外。

第二，父母加强孩子的安全教育，告诉孩子在运动注意保护自己。

1. 根据孩子的年龄和特点帮助孩子选择合适的运动项目

孩子对各种运动都有着浓厚的兴趣，但是不能任由孩子的兴趣作选择。父母要针对孩子的年龄特点和承受能力帮助孩子选择合适的运动项目，比如年龄还小、身体柔弱的孩子就不适合选择举重之类的运动项目等。

2. 运动前仔细检查

认真检查孩子的运动场所和运动装备，检查孩子的身体状况和服装，让孩子掌握正确的饮食方法，保护孩子不受运动伤害。

3. 不要让孩子做太危险的动作

孩子看到电视上或者专业演员表演的高难度动作，会觉得刺激、好玩而去模仿。父母一定要对这种情况给予重视，在孩子看此类节目的时候，要在旁边教育孩子：这是专业人员经过长期训练才能达到的，此外还需要搭档的配合和各种安全道具，普通人不能擅自模仿。

4. 给孩子报正规的运动培训班

父母看到孩子热爱体育运动，或者受到奥运会的刺激而想让孩子多一项特长，会在孩子的业余时间或者寒暑假给孩子报一些运动培训班。这时候，父母需要注意：虽然社会上开办的舞蹈、体操、滑冰等培训班很多，但是培训班和教练存在水平良莠不齐的情况，所以，父母不要因为急于将孩子送去受训，忽略了孩子接受不正规训练所带来的恶果。

5.告诉孩子，要在老师或者教练在场的情况下运动

由于孩子缺乏自我保护能力，出现意外伤较多，应该告诉孩子：运动时，要有老师或者教练在场。这样即使发生意外，老师或教练也会及时采取急救措施，防止伤害扩大。

和女孩一起进行安全演习

父母单靠说教并不能让孩子对安全知识自觉自发地重视起来，孩子大多有逆反心理存在，对于越是不能接触的东西，越想接触；越是不让知道的事情，越想知道。这是人们心理发展的一般规律，由于孩子心智不成熟，这种欲求也更强烈。这个时候，父母就不能只是单纯地说什么不能做，什么是不对的，父母应该想些更生动的教育办法。和孩子一起进行安全演习，就是一个不错的选择。

通过安全演习，可以给孩子一种自我参与、自己是主角的感觉，这种主人公意识更能让孩子对知识的内容提起兴趣，产生研究的动力。

安全演习过程中，孩子有了直面危险的机会，有助于孩子在

相对冷静和刺激的状态下回想需要的知识，做出自己的评价，是有用还是可以找到更适合的办法？

张佳佳和同学们利用暑假到森林中参加夏令营，她看什么都感到新鲜。突然，她发现一只美丽的大蝴蝶，她想也没想，抄起捕虫网就追了过去。也不知道跑了多久，最后终于抓到那只大蝴蝶，可她周围已经找不到一个同学了，也听不到一点同学们的谈笑声，甚至连那条森林中的小路也不知去向了。她迷路了！这时，她想起曾经和爸爸进行过此类情况的演习，她告诉自己不要慌张，按照安全演习中的方法来做。"在森林中迷路时，千万不要惊慌，一定要冷静。"想到这，张佳佳做了几次深呼吸，平静了一下心情，开始为如何走出困境思索起来。不久，她就制定了一套方案：她先是回忆起自己离开队伍的时间，然后仔细观察附近的地形地貌，找到自己跑来时踩出的脚印，接着根据方向沿着脚印一步步慢慢走，终于走回到来时的那条小路。沿着路没走多久，就听到了老师和同学们的呼喊声，张佳佳激动得都要哭了，她成功了！

像张佳佳这样的情况并不见少。孩子很容易遇到一些紧急情况，也可能会因为缺乏逃生知识而发生危险。这就给了父母们一个提醒：平时多注意培养孩子的安全意识，和孩子一起进行实战演习，是一个非常有效的方法。

父母要和孩子进行安全演习。

第一，父母故意犯错，让孩子纠正。

父母在演习中故意扮演失误的一方，让孩子看并指出出错的地方。这对孩子来说，就是一次成功的经历，会让孩子对自己有足够的信心，也更愿意去学得更好，以此来换取在父母面前显耀的机会。在这个过程中，就达到了父母想让孩子学好安全知识的目的。

第二，把指挥权交给孩子，让孩子做演习的总设计师。

父母要相信孩子有独立处理事情的能力，尽可能支持她们。把安全演习的指挥权交给孩子，让孩子开动脑筋，精心设计各种情节，准备道具，注意演习的各种细节，对演习的整体过程进行推演，准备备用方案应对演习中可能出现的突发状况等。这些都能让孩子对所需的安全知识进行消化和归纳，对孩子的安全知识水平是一次极大的提高。在孩子遇到困难、失败时，父母应给予鼓励和安慰，成功了要立即对孩子进行表扬。

第三，利用孩子崇拜偶像的心理特点。

如果孩子崇拜偶像，父母可以利用这一特点，多给孩子播放一些有偶像参演的灾难片或者动作片，让孩子看看偶像是怎么处理危险情况的，父母可以让孩子扮演偶像扮演过的角色，给孩子制造影片里类似的场景，让孩子模仿偶像来处理危机。

对于枯燥的安全知识，即使父母反复强调如何重要，孩子也不会提起足够的重视。这就需要父母采取一些比较生动的教育方法，比如说，和孩子进行安全演习训练，让孩子充分体会到作为主角的参与感和演习成功之后的成就感，让孩子从思想上对安全知识接受并力求学得更好。

在劳动中保护好女孩

劳动是孩子成长的必修课，孩子热爱劳动本是一件好事。但是据一份报告称，近年来小学生在劳动中受伤事件时有发生，已经成为了未成年人安全的重大隐患。因此，父母要充分意识到劳动中存在的隐患，谨防孩子受伤。

孩子在劳动中频频受伤的原因可归结为两点。

第一就是孩子很少劳动，一时无法掌握劳动技巧。现在的孩子娇生惯养，很多父母舍不得让孩子做一点儿劳动，生怕把孩子累坏，因此事事代劳。这样一来，孩子对劳动的技巧知之甚少，当然会操作不熟练，因而在劳动中受伤。

第二点原因就是父母缺少对孩子劳动内容的把关。一些父母能够意识到劳动的重要性，放手让孩子去做，而这种放任自流的态度忽视了孩子的年龄和能力，把一些本来不适合孩子的劳动强加给孩子去做，在力所不能及的情况下，孩子当然很容易受伤。

父母怎样才能避免这种情况的发生呢？

第一，教给孩子一些必要的劳动技巧。

孩子在劳动之前，父母应该将基本的操作技巧告诉孩子。家务劳动大体上分为两类。

清洗类。清扫地面、洗衣服时，切忌手上沾着水去插插座，避免孩子用过冷或过热的水洗抹布，以免冻伤、烫伤等。

厨房劳务。有时候，孩子喜欢去厨房帮妈妈做饭，这时父母一定告诉孩子远离菜刀等炊具，以免被割伤；在刷碗时，也要小心操作，以免割伤自己。同时，还要让孩子学会正确使用燃气器具。

第二，帮孩子筛选劳动内容。

孩子爱劳动是好事，既能培养孩子热爱劳动的意识，也能使孩子在劳动中磨炼意志、增长知识。但是让孩子做劳动，不能什么都不考虑，避免将不适合孩子做的劳动分给孩子做。

孩子参加劳动，对孩子的成长有着极其重要的意义。为了使孩子既能从劳动中受益，又避免受到伤害，父母要在平时加强对孩子劳动安全意识的教育和培养，让孩子掌握正确的技巧，安全、高效地进行劳动。

出行注意交通安全

公安部交管局曾经做过这样一个调查：全国中小学生每年在交通事故中死亡的有3000多人，占了总死亡人数的3%左右。这个比例令人震惊。目睹上学、放学路上的种种惊险场景，耳闻一桩桩交通事故，留给我们的绝对不仅仅是遗憾、惋惜，更多的是长鸣的警钟：孩子的交通安全不容忽视。

据调查，中小学生之所以发生如此高的交通事故，一般归因于以下几方面：首先是学生安全意识的淡薄，许多学生并未从内心认识到交通事故的危险与危害；其次是学生对交通规则不够熟悉，往往凭想当然行事；最后，一些父母对孩子的言传身教比较差，容易让孩子养成不遵守交通规则的习惯。

情景一：放学了，一个小学生骑着单车从校门箭一般地冲了出来，一手扶把一手拿手机，在行驶的车辆中穿行……

情景二：上学路上，几个穿着校服的小学生并排骑车表演"大撒把"；还有几个同样穿着校服的学生脚踩滑轮转遍大马路小胡同……

情景三：几个身穿校服的女孩一边骑车一边夸赞自己的车技，于是她们决定以飙车比高低。只见她们在车流中四处乱窜，还冲着经过的汽车、自行车叫嚷，完全无视交通安全。她们的车铃声一直长鸣于机动车之间，车如流水的马路似乎成了她们的赛车场。

一到放学的时刻，马路上似乎显得更加热闹，校门口围得水泄不通；马路上表演单车特技的穿着校服的学生；马路中央时不时用脚踢小石子、饮料瓶的爱玩小孩……马路上变得热闹非凡，路况也变得更为复杂，可是，学生的这些行为存在着巨大的安全隐患。

面对中小学生交通事故的高发现象，如何有针对性地对小学生进行交通安全教育，使她们养成自觉遵守交通规则的良好习惯，强化她们的交通安全意识呢？

首先是增强孩子的交通安全意识，让孩子对交通事故带来的危害有清醒的认识。学生的交通事故主要集中在上学和放学的路上，从而可以看出孩子的交通安全意识比较薄弱。据调查，很多学生认为交通事故距离自己比较遥远，对于事故带来的危害也没有一个清醒的认识。因此，作为父母，首先要培养孩子的交通安全意识，通过周围的事例、电视、报纸等媒体的报道教育孩子，增强孩子的安全意识。父母在周末或寒暑假期间，不妨陪孩子看有关方面的录像、参观展览并且让孩子参与交通安全宣传活动，让孩子真正从思想上增强安全意识。

其次，从始至终要向孩子灌输交通规则。培养孩子的安全规则应该从小开始，比如告诉孩子"红灯停，绿灯行""一站二看三通过""机动车道与非机动车道分别过"等。随着孩子年龄的增大，活动范围的扩大，父母要有意识地提前教给孩子有关方面的规则：过马路要走人行道，不要穿越、攀登或跨越隔离设施等。从小向孩子灌输交通规则，让她们懂得遵守交通规则的重要性。同时，父母对于孩子违反交通法规的行为要及时给予纠正。

最后，父母更应该起到表率作用。作为孩子的父母，一定要成为遵纪守法的模范。交通部门反映，许多孩子之所以不遵纪守法，原因在于家长的言传身教，有些家长主动带着孩子闯红灯、跨越栏杆等，这些行为给孩子带来了坏的影响。要让孩子遵纪守法，父母首先要做好表率，这样才能为孩子营造遵守交通法律法规的氛围。

从小锻炼安全逃生技能

作为父母，关心下一代的健康成长，不应该只是对孩子进行知识的传授和身体的照顾，还应该尽到维护孩子安全的责任，教会她们如何应对灾难，如何处理突发危机，如何渡过难关。教会孩子一些必要的安全逃生技能，不失为一个最正确的选择。

第一，地震灾害逃生。

地震具有突发性，常会使人措手不及。在这种突发情况下，大人都很难作出正确的反应，更何况是孩子。所以，父母要在平时就给孩子传授地震时的逃生知识。

如果正在屋内，不可试图冲出房屋，因为墙壁可能断裂跌落砸到身上。最有效的方法是躲在坚固的床或桌下，或者是站在门口，门框可以起一些保护作用；同时切记远离窗户，因为窗玻璃可能被震碎；记住保护头部，可利用沙发垫、被子、枕头等柔软厚实的物体盖住头部，以免砸伤头部。

不要靠近楼房、树木、电线杆或其他任何可能倒塌的高大建筑物。尽量跑到空旷场地，然后躺在地上，避免地震摇晃时身体失去平衡。倘若附近没有空地，应该暂时在门口躲避。隧道、地下通道以及地窖等地方不要进去，因为地震可能会将出口堵住。

聚集在公共场所的人会因意外而下意识地惊恐，导致拥挤，堵塞出口，父母要告诉孩子，这时不要慌张，不要乘电梯，按照公共场所标记冷静逃出。

第二，火灾逃生。

作为父母，应随时随地对孩子进行安全逃生教育，不管是在家里，还是学校，甚至是公共场所，教会孩子识别安全出口，培养安全逃生意识。在遇到火灾时，要选择进入相对较为安全的楼梯通道。除楼梯外，还可以利用阳台、窗台、天台、屋顶等地方，攀到周围安全地点，或者沿着水管、避雷线等物滑下楼。要提醒孩子：切勿乘坐电梯！

火灾发生后，很多遇难者往往不是被火烧死的，而是被烟熏死的。所以，在逃生时为防止浓烟呛鼻，可以在头部、身上浇冷水，用湿毛巾、湿棉被等物体把头部、身体裹好，匍匐撤离。烟气较空气轻，会飘在上部，贴近地面撤离是避免烟气吸入、滤去毒气的最佳方法。

告诉孩子，假如在室内用手摸房门已感到烫手，千万别开门，一旦开门火焰与浓烟势必迎面扑来，这时只可固守待援了。应当首先关紧迎火的门窗，打开背火的门窗，用湿毛巾、湿布塞堵门缝或用水浸湿棉被蒙上门窗，并不停浇水淋透房间，防止烟火渗入，直到救援人员到达。

同时告诉孩子要通过一些尽可能的暗示方式如敲击墙壁等，及时发出有效的求救信号，引起救援者的注意，不可轻易跳楼求生。

第三，水灾逃生。

河谷、沿海地区以及低洼地带，常因遇到风暴吹袭或大雨，遭遇严重水灾，所以长住在这些区域的孩子，应在父母的教育下，熟悉区内的水灾报警系统，随时做好应急准备。

如果遇到严重的水灾而来不及转移时，千万不可惊慌，可多多储备一些食物、饮用水、衣物等，向高处比如楼房屋顶、大树上等地转移，等候救援人员营救。

如果水位仍旧不断上涨，孩子可以想办法自制逃生工具。任何入水能浮的东西，如床板、箱子、衣柜、门板等，都可以用来做木筏使用。如果一时找不到绳子，告诉孩子可以把衣物撕开来代替。

自然灾害说来就来，而且冰冷无情。父母们对这些灾害的发生不可掉以轻心，要重视孩子的生命安全，从小培养她们的安全逃生意识，教导她们掌握必要的安全逃生技巧。以免在灾害发生时，孩子因为安全逃生知识的贫乏而失去获救的机会。

增强女孩的自我保护意识

保护孩子，最重要的就是培养孩子的自我保护能力。有的家长为了孩子的安全，对孩子严加看管，不准她们外出，限制她们的交往。这不但不能防止万一，还不利于孩子的发展。积极的做法是增强孩子的自我保护意识和自我保护能力，这才是根本解决问题的途径。

家长怎样增强孩子的自我保护意识和能力呢？

第一，让孩子与邻里保持必要的联络。

邻居之间若能加强联络，对于保证孩子的安全作用极大。一旦发生意外，如家中失火、遭遇窃贼、煤气泄漏等，孩子立即可以向邻居求助，这一点对于城市的孩子尤为重要。家长应允许孩子常去邻居家串门，或与邻居家孩子共同玩耍，增加感情交流；应让邻居知道孩子及自己家庭里的基本情况，以便及时联系；对

第七章 经常提醒，加强女孩的安全教育

于那些经常独处的孩子，更应引导她们养成在遇见危险时马上向邻居家求助的习惯。

第二，教孩子学会应对陌生人。

家长应教育孩子尽量与熟悉的同伴在一起。独行时路遇陌生人搭话，必须保持镇静和警觉。从多起孩子被拐案件中分析得知，犯罪分子往往从胆小、慌乱不安者下手。一些拐卖儿童的不法分子，常常在孩子单独行动时，以认识孩子父母或亲友、带孩子出去玩等为由拐骗孩子。家长要明确告诉孩子：不能跟陌生人到任何地方去，如果是认识的人也表示要回家告诉爸爸妈妈，如果遇到危险就大声呼救。

通常，孩子往往被要求服从和尊敬长者。因此，那些以"关心孩子""代为接送""让我进来做客"为幌子行骗的不法分子，往往容易在"乖孩子"处得逞。针对这一情况，在对孩子进行思想品德和礼仪教育的同时，家长应教孩子学会明辨真伪、保持警觉、提高安全防范意识。家长则常以故事、游戏等形式，告诉孩子目前的治安现状以及犯罪分子的惯用伎俩，潜移默化地提高孩子的辨别能力。

此外，家长在不得不让孩子独处家中时，应仔细叮嘱孩子：若陌生人敲门，不可随意开门，最好的办法是隔着大门告诉对方，父母正在休息，请以后再来。

第三，教育孩子谨防各种骗子。

现在，社会上有一些不法分子专门骗孩子的钱，甚至诱惑孩子走歪门邪道。有的骗子诱惑孩子赌博，有的以赊账的方式卖

147

给孩子吃的东西和玩具,有的用讲故事的方法散布封建迷信或淫乱思想,有的向孩子兜售摇头丸、迷幻药等毒品……家长要给孩子分析这些社会现象。告诉她这些坏人、骗子的真实面目,遇到这类事,一定动脑子想一想,绝不盲从。回家以后要跟家长说清楚,还要向老师汇报。

第四,经常对孩子进行自我防护训练。

家长让孩子牢记父母的姓名、家庭和学校的地址及电话、邮政编码;懂得匪警、火警、交通事故急救等重要电话的打法;知道辖区内或学校附近的派出所(报警点)位置等。在孩子有可能独处、独行之前,更应教会她们熟记以上这些事项。家长可在家中显眼处贴上写有基本情况和事项的大纸片,以便独处的孩子在遇上危险时及时获得帮助。

实践证明,使孩子免受突如其来灾祸的伤害,经常对孩子进行自我保护的训练和教育,让她们学会面临危险时的脱逃和应对技巧,对于保护孩子的人身安全是非常重要的。

教女孩警惕"性骚扰"

女孩正如含苞待放的花蕾,因为单纯和无知,最容易成为"色狼"攻击的对象。作为成人,我们有必要向女儿灌输一些自我防卫方面的知识。

王小美今年初三,近段时期一直感到非常不安。原来,她担

第七章 经常提醒，加强女孩的安全教育

任地理课代表后，与地理老师的交往多了。地理老师经常在放学后将王小美单独留下来，有时是"谈心"，有时是让王小美帮助自己登记成绩。开始时，地理老师经常摸王小美的头发，说她长得漂亮，王小美并不在意。但后来地理老师不仅言谈轻浮，讲一些出格的语言，而且还对王小美动手动脚。王小美感到了问题的严重性，严词反抗并警告他说，如果再这样就要告诉自己的家长和校长，这使地理老师不敢再肆意妄为了。以后凡是地理老师叫王小美帮忙，王小美总是让同学和她一起去。就这样，王小美的态度震慑了地理老师，同时也使地理老师无法单独与王小美在一起，从而有效避免了来自地理老师的骚扰。

什么是性骚扰呢？比较普遍的定义如下：

任何人对其他人做出不受欢迎的性要求或不受欢迎的获取性方面好处的要求。

她／他们做出其他不受欢迎的涉及性的行径，而这些行径使一个正常的人感到受冒犯、侮辱或威胁。

总而言之，任何以言语或肢体，做出有关"性的诉求"或"性的行为"，使得对象（受害人）在心理上有不安、疑虑、恐惧、困扰、担心等情况，均属性骚扰。美丽的女孩是异性关注的对象，很容易引起一些坏人的注意。女孩在遇到性骚扰的时候，应采取措施保护自己，但最好的办法还是尽量避免性骚扰。应当像王小美那样，积极行动起来，勇敢面对性骚扰，采取预防措施。即使面对性骚扰的现实侵害也不要一味地害怕，应当学会审时度势，针对不同的情况，找出对策，然后采取不同的措施。

那么，怎样才能避免性骚扰，让自己远离性侵害呢？

（一）对于那些总是探询你个人隐私，过分迎合奉承、讨好你，甚至对你的目光和举止有异样反应的异性，应引起警觉，尽量避免与其单独相处。

（二）服装不要过于透明、裸露，举止切忌轻浮。

（三）挤公共汽车时，如果发现有可疑的男性，最好在靠近司机或售票员的地方站立，不要挤在人群中间，尽量避免和这些人同站下车。

（四）尽量避免单独去男性住处，如果向男教师请教，最好约伴同去。

（五）在网上用QQ聊天时，最好将系统设置为"需经过允许才可以加为好友"这一选项。如果对方的留言有"有色"的成分，或者其网络名称本身就取得比较暧昧，可以马上拒绝或者不理。

（六）当有人对你非礼时，要沉着冷静，设法脱身，情况紧急时要大声呼救，千万不要做"沉默的羔羊"。

中小学时期是女孩一生中最宝贵的时间，是人格的塑造期。女孩对社会还未形成一个深入全面的认识，父母应告诫她们尽量避免性骚扰，远离性侵害，让自己健康、快乐地成长！

第八章

正向思考，提高女孩的学习成绩

用积极心态面对，学习是件快乐事

要想改变孩子对待学习的态度，我们必须恢复"学习"这件事原本就具有的快乐。

学习，原本是快乐的。当一个人刚刚开始学着写字、学着画画、学会骑自行车，或者她终于得到一本心仪很久的小说的时候，她会轻易地放弃吗？一定不会的，那个时候的人，是带着快乐在学习。叛逆期的孩子好多都不爱学习，觉得学习是件辛苦的事情，这是为什么呢？是不是孩子失去了体味快乐学习的能力？

学习变得不再快乐，原因之一是缺少动力，之二是缺少方法。死板机械、枯燥乏味、重复多余的学习过程，掩盖住了学习的快乐色彩。

家长可以给孩子设定一个研究方向，让孩子去学习。如果孩子们每一个人都能有一个或几个研究的题目，带着问题去寻找资料，去求教，去分析研究，那样，她们的学习还会没有乐趣吗？

让研究性的学习增进孩子学习的动力，增添学习的快乐。

研究性的学习需要想象，更需要丰富的知识和能力。去研究一切有兴趣的，去学习一切感兴趣的。研究性学习的目的不在于发明创造，而在于学习方法，在于培养能力，在于还学习以原本就具有的极大乐趣，让学习充满活力与快乐。

每个人可能都曾有过这样的感觉，有时用功的时间不短，可

第八章 正向思考，提高女孩的学习成绩

收效却不大。这并不一定是脑子不好，更多的原因恐怕是时间掌握得不得当。

人在士气高昂时，会忘记时间的存在，读书的效率也很高。但是，如果没情绪，很勉强地去看书，经常会以为看了很长时间了，结果一看表，才发现根本没过多久。这时候，你可放下书本，暂且不要去看它，因为过一阵子之后，心情就会有所转变，低落的情绪逐渐会消失。

所以，在学习时，如果觉得没有心情看书，应暂时搁下书本，调整一下心态。比如听听音乐，与朋友谈谈话，做些游戏等。等到有了看书的欲望时，再拿起书本来看，必定能集中精神用心去读，收到很好的效果。

有些人读书，既不是出于兴趣，也不是为了自己的将来发展，而是出于不辜负父母、亲友及其他人的期望，持这种为了做给别人看的观念又怎么能够在关键时刻充分发挥自己的实力呢？

不仅如此，他们甚至还会因为思想负担过重而导致精神崩溃。所以，应该保持正常的心态，不要过于在乎父母及周围的人怎样看待自己，而要凭着自己的感觉和意愿去做每一件事，这样，才会觉得心情很轻松，而且还可以把握自己的进度，使学习计划有条不紊地进行。

在学习效果不尽人意时，会对自己的缺点尤为留意。其实，能反省自己的不足是一件好事，因为它能促使你不断进步。但是，如果只是一味地担心自己的缺点，会增加自卑感。切不可因为暂时遇到的困难，就放弃学习，多想想自己的优点，或者把它记下来，每天大声地念，使它植根于自己的脑子里。这样一来，便能消除自卑感，增强自信心。

要让自己保持对学习的热情，就需要我们在学习的道路上不满足，把学习看成是永无止境的事情。

鼓励女孩多和老师积极互动

我曾教过的一位学生目前已在重点高中就读，在向初中的弟弟妹妹们讲述学习经验时说道：

"每堂课一开始，我都努力与老师共'呼吸'，紧紧跟随老师的思路，理解老师讲授内容的逻辑性。当你的思路和老师讲课的思路产生共鸣时，这种听课简直是享受，你原有的知识也无疑得到了巩固和升华。同时我还注意抓住老师写字、沉思等停顿的每一瞬间，以极快的速度复习刚才学过的内容，经过这样多次复习就可以把不少知识当堂记住。"

无论是哪一位老师，讲课都有一定的思路，紧跟老师的思路就能取得良好的效果。那么，听课时如何抓住老师的思路呢？

根据课堂提问抓住老师的思路，积极举手，积极回答问题。课堂上经常出现老师讲学生听的现象。实际上，这种一方讲而另一方听的方法并不能实现课堂的高效率。如果你只是一味地听老师讲课，不与老师进行互动，就很难跟上老师的思路，容易走神。

对于此，我所提倡的方法是，打开紧闭的心门，勇敢地举手发言。只有这样，才能提高自信心，才能与老师形成互动。当与老师的思路合拍的时候，听课效率才是百分百。

在课堂上，我经常会提一些问题，提问的次数多了，我就发现了这样一个比较有趣的规律：凡是那些在课堂上表现踊跃，积极响应我提问的学生，大多成绩优秀，而那些一见我提问就垂下脑袋，一声都不吭，甚至还有些害怕被我问到的学生，大多成绩平平。

为什么会这样呢？其实，这其中的原因很好理解。能够做到在课堂上第一时间响应老师提问的学生，在上课的时候他们的思维必定是跟着老师的讲课思路一起走的。这样，在面对老师提问时，她才能自信而大胆地站起来回答；反观那些不敢回答老师问题或者老师一提问就垂下脑袋的学生，也大多是那些听课不专心，对老师的提问没有把握或者对学习不够自信的学生。

正是因为有了这一发现，在日常和学生们论及课堂高效听课问题时，我就会不厌其烦地鼓励她们积极参与到课堂讨论当中去，大胆与老师互动。

当然，很多同学不喜欢和老师互动，也是有原因的。其中，最常见的一种就是担心自己的想法幼稚，得不到老师与同学的认同，会感到不好意思。其实，这是完全没有必要的。退一步讲，即便是你说错了，在无形中你也加深了对这个知识点的理解和记忆。而且，你的回答也表明你是在认真听课、你是个善于思考的学生，对于这样的学生，老师当然会十分高兴。

老师在课堂上教某一内容时，一般都有一个推导过程，如数学公式的来龙去脉、物理概念的抽象归纳、语文课文的分析等。感悟和理解推导过程就是一个投入思维、感悟方法的过程。在这个过程中，你不仅会很轻松地记下结论，还能提高自己分析问题和运用知识的能力。

对于那些课堂与老师互动有困难的学生而言，该怎么改变呢？

首先要克服怕丢面子的顾虑。随着年龄的增长，学生的自尊、自我意识开始逐渐增强，最显著的一个心理特点，就是开始过分关注自我。受这种心理的影响，在课堂上，我们就会产生这样一种错觉：以为自己只要回答问题，同学都会关注自己。于是每次回答问题都会心慌意乱、语无伦次，害怕自己回答错了惹来同学的嘲笑。结果越是担心，越是紧张，回答得越是糟糕，进而渐渐对课堂回答问题产生了心理阴影，逃避课堂回答问题，学习热情随之大为消减，学习成绩也因此大受影响。其实，这种心理是完全没有必要的。课堂上回答错了问题，被同学笑或者被老师批评一下，都没什么大不了，学习成绩上不去被同学瞧不起才是真正丢面子的事。

要注意的是，回答问题之前，先打好腹稿。如果我问一个孩子：为什么你在回答问题的时候会出现语无伦次，结结巴巴的情况？相信他一定会这样回答我：因为答案在头脑中还没有成形，脑袋里乱糟糟的。

的确，当答案在头脑中还不成形时，回答问题心里就会没底，就不知道该从哪里开始回答。

所以，在回答问题之前，先在头脑中过一遍，打好腹稿，就能有效提升回答问题的质量。如果答案比较杂，可以尝试将答案分成几个要点，发言时按要点回答，这样，就能留给老师讲话有条理、逻辑性强的印象；如果答案内容比较多，可以先考虑回答要点。

当然，因为课堂发言留下的准备时间是有限的，这就要求学生的思考速度要快。思考速度快的前提，就是要专心听课，大脑紧跟老师的讲课思路转。如果能做到这一点，大可不必再为课堂发言而担心了。

知识要融会贯通，忌不求甚解

有些学生在平时的学习过程中往往不求甚解，只是蜻蜓点水，一带而过，并没有把书上的知识细细咀嚼，吃下肚去，从中吸收有益的营养，只是自以为是地认为自己已经掌握透了。

事实上，他们根本就没有做到真正的"懂"。对知识做到真正的懂了，那时候就不叫"懂"，而叫"通"了。

知识的"懂"和"通"有质的差别。"懂"只表示你对某个知识点理解了，不会引起误解，"通"表示你能把一个个知识点用一条线索串联起来，你能说出各个知识点之间的逻辑关系。

所以说，这些同学对知识点的理解只停留在表面阶段，非常浅显，而没有深入到更深的层次当中，因此，在做练习或者考试的时候，就不可避免地"卡壳"了。

因马虎和不求甚解而与高分失之交臂，相信大家都会觉得遗憾、可惜。反过来说，要想考试拿高分，我们一定要改掉这两个致命的不良习惯——马虎、不求甚解。

然而，虽然很多同学已经意识到马虎是学习的大敌，但却不会积极主动地去改掉这个毛病。因为在他们看来，这个不良习惯是无法根治的。

其实并不是这样的。对于马虎这个不良的学习习惯，我们是完全可以避免的。马虎通常被说成是"不该错的地方错了""低级错误"。这种错误往往使该得到的分没有得到，应有的水平没有发挥出来。因此，要避免这种错误，你在平时做题的时候就应严格要求自己。

做题"做一步，保证对一步"就是一个不错的方法。这种方法是说我们在做题的时候，每做一步就回过头来检查有没有出错，如果有错误的地方，就重头再来。

这样，就能做到每一步都正确，到题目做完时，就不用返工。

当然了，按照这种方法，一开始做题速度可能会慢些，但久而久之养成习惯，速度就快了，而且正确率极高。与此同时，对于不求甚解的不良学习习惯，我们也要及时消除。也就是说，我们在掌握知识点的时候，不要浮光掠影似的掠过，而要沉下心来，刻苦钻研，深入到更深层次当中去。

总之，在平时的学习过程中，我们一定要注意培养自己仔细、认真、刻苦钻研的习惯，这样才能走出马虎、不求甚解的毛病，乘上学习的智力快车。

从点滴做起，爱上阅读

翻开一些优秀人物的传记，几乎每一位优秀人物都会有这样一个不容忽视的习惯，那就是坚持阅读：马克思终年在他的办公桌前看书，以至于桌子下面的水泥地都被他磨出了两个脚印；鲁迅在南京江南水师学堂读书时，每当读书读到夜深人静、天寒体困时，他就取一只辣椒，分成几片，放在嘴里咀嚼，直嚼得额头冒汗，眼里流泪，嘴里"咝咝"作响，周身发暖，困意消除，于是又捧起书攻读。

因为不良的阅读习惯，造成了有些同学尽管在阅读上花费的时间不少，效果却往往不佳的情况出现。正是因为不良的阅读习惯会给我们带来诸多的困扰和麻烦，培养自己良好的阅读习惯就成了提升阅读效率的必经之途。

叶圣陶先生曾作过这样一个估算：初中学生一个钟头可以阅读一万字，即使费点功夫的，一个钟头也可以阅读5000字，一本大约10万字的书，每天只读一个钟头，20天就可以读完，一年可以读18本，中学三年可以读54本，再加上两个假期，以八个星期算，每天读三个钟头，三年又可以读24本，总共78本，7800000

字……即便我们没有做到叶先生所讲的那样，但只要我们保证每天用30分钟读书，要求自己每天阅读课外书不少于2000字，作不少于200字的读书笔记，摘录你认为写得好的精彩语段、章节，长期坚持下去，成绩也是很可观的。

一位总是认为自己没时间进行课外阅读的学生在听从了我的建议之后，兴奋地谈起自己的收获：

"因为之前总是觉得中学学习时间太紧，所以，我几乎将所有的时间都花在了复习课内知识上，对课外阅读并不重视。后来，我听老师讲了课外阅读的重要性，并听从老师的建议，坚持每天抽出睡觉前的十几分钟进行阅读。

"刚开始的时候，我还没觉得自己有什么收获，可随着时间的推移，我书桌上堆放的课外读物越来越多，我的阅读量也越来越大……在不知不觉间，我的理解能力、表达能力、分析综合能力和想象能力等都有了极大提升。"

不错，集腋成裘、积沙成塔，一点一滴的坚持在短时间内或许看不见效果，但只要你长期坚持下去，就会发现，哪怕是每天只抽出半小时时间用于阅读，收效也是喜人的。

郭沫若曾写过一副读书联："读不在三更五鼓，功只怕一曝十寒。"意思是说，读书要靠平时下功夫，不能一心血来潮就加班加点搞突击。要想获得成功，必须锲而不舍，持之以恒，决不能时而勤奋时而懈怠，三天打鱼两天晒网。

寓学于乐，在游戏中学习知识

在生活中，有些父母为了让孩子把时间和精力放在学习上而剥夺了孩子游戏的权利，将孩子的玩耍当成一种错误，只要看见孩子玩游戏，便见缝插针，"占领"孩子玩耍的时间。殊不知，这样做不仅提高不了孩子的学习成绩，反而还会让孩子对学习产生厌烦心理。

其实，教育孩子的最佳模式——寓教于乐。

玩，是孩子最喜欢的活动，对于孩子的成长，就像维生素一样必不可少。学是孩子获取知识、立足社会的基础，对于孩子的成长而言，就像空气一样重要。而在很多父母心目中，玩和学是完全对立的，玩占用了孩子学的时间，于是他们竭尽全力"占领"孩子玩耍的时间。

玩是孩子的天性，如果父母不尊重孩子玩的天性，就会限制孩子的发展。玩与学是孩子两种互补性活动，相辅相成，如果父母能将孩子的玩与学结合起来，在游戏中激发孩子的学习兴趣，传授知识，那么孩子将会把学习视为一种习惯，从而达到事半功倍的效果。

实践证实，孩子往往在玩中更容易接受知识，学得快，知识掌握得牢固，不易忘。

让孩子在游戏中学习知识。游戏分为两种，一种是无目的的玩耍，一种是有目的玩耍，父母应当将孩子无目的玩耍转化为有目的玩耍，科学地安排学与玩，让孩子玩出知识，玩出名堂。

第一，孩子做游戏时，引导孩子在玩中学习。

父母要在孩子玩游戏时，给予她最合理、最及时的引导。比如孩子做实验时，妈妈为孩子提供玩耍的氛围、玩耍的道具。这样孩子在玩游戏的同时，也学到了各种关于物理、化学、天文、地理等方面的基本概念和知识。因此，父母要重视孩子的游戏，抓住孩子兴奋的每一个时机，及时给予合理的引导，向孩子输送更多的信息。

第二，重视孩子的问题与回答。

孩子在做游戏的过程中，难免产生一些疑问，向父母提出一些问题，也许同一个问题会问很多遍。对此，父母要有耐心，不厌其烦地重复答案，巩固孩子的记忆，但是答案要简短，以激发孩子接着问下去。

第三，控制孩子玩游戏的时间。

孩子玩游戏，虽然能够激发其学习兴趣，获取知识，但父母千万不能因此让孩子将所有的时间都投入到游戏中去，这样难免耽误学习。父母要在孩子玩与学之间寻找一个平衡点，把握好时间这个"度"，既不能太"左"，也不能太"右"。

中国近代教育家陈鹤琴认为，寓教于乐是教育孩子的最佳模式。因此，父母不能简单地抹杀孩子玩耍的权利，要为孩子留下玩耍的时间，重视孩子的问题与回答，引导孩子在玩中学习，从而达到事半功倍的效果。

给女孩创造自由学习的机会

我们可以看到这样的现象：有的父母对孩子的学习管得很少，只是偶尔在孩子拿不定主意或者出现偏差的时候适当地引导一下，孩子在自己的意愿和安排下完成自学，学习成绩相当优秀；而有的父母却总怕孩子会闲下来，所以总是千方百计地给孩子安排任务。钢琴练完学画画，画画学完练书法，书法练完学外语……这样做的结果，就是让孩子完全没有自己学习和思考的时间，没有办法按照自己的需要来学习，学习成绩自然也不理想。

为此，父母应该给孩子自由学习的时间和机会。

第一，积极配合孩子制订的学习计划。

孩子根据自己的实际情况定出学习计划以后，父母应该积极配合孩子的安排，给孩子学习创造有利的条件。比如，在孩子制订的计划中，确定了某段时间是必须要静下心来的，父母就应该主动为孩子创造一个好的环境。在这段时间，避免接待客人或者进行吵闹的活动。自己也尽量不要让各种事务去打扰孩子，给孩子一个自由的学习空间。

第二，每天给孩子留出自由支配的时间。

现在的孩子虽然课程安排比较紧凑，作业负担比较重，但是老师也会根据孩子们吸收知识的程度来为孩子留出一些自己思考的时间，这些时间对孩子来说是非常宝贵的。作为父母，一定要保证孩子的这些时间能被充分利用，尽量不要干扰孩子。

第三，避免对孩子的学习方法指手画脚。

孩子有自己的时间安排，父母应该信任孩子，避免对孩子的学习方法指手画脚，防止孩子出现逆反心理。

然然的数学成绩很好，语文却很糟糕，英语不上不下。所以，她自己制订了一个有针对性的学习计划，先预习语文，因为语文需要背诵的东西很多，花费时间很长；接下来是学习英语，因为单词都在老师讲解的时候记得差不多了，所以记起来很轻松；最后是数学，大概看一下公式和例题就可以了。这样的学习方法对然然来说是很实用的，她的学习成绩虽然在短期内上涨不是很明显，但是也略有提升。可是妈妈似乎并不这么认为，她经常借故到然然房间里面拿东西来打探然然是不是在学习，正在学什么内容。有一次，妈妈又进来了，对着然然说："你不要先预习这一门，另外一门比较重要，赶紧换过来！"然然本来就对妈妈的干扰很有意见，这一次忍不住就爆发了："不用你管我！我愿意先看哪个是我的事！"

从此以后，然然在妈妈进来的时候都会停止一切学习的活动，有的时候干脆什么也不学了。

让孩子认识到自主学习的重要性

顶顶正在写作业，突然眉头一皱，侧着头大喊："这道题怎么做啊？"接着，爷爷奶奶、爸爸妈妈立刻围了过来，运用"集体智慧"帮助顶顶解决了那个问题。过了一会儿，顶顶又大叫着说:"快来啊,你们看看我计算得对不对啊?"于是,全家人又蜂拥而上。渐渐地,顶顶不再担心作业有难度,反而养成了依赖性。在顶顶看来,学习不只是自己的事情,更是全家人的事情,无论作业有多难,总会有家人来帮助。

在生活中依赖性太强的孩子,在学习方面也必定缺乏自主性,学习成绩不理想。这些孩子常常对学习缺乏兴趣,反感学习,总是想方设法地逃避学习。在课堂上,她们不认真听讲,平时厌倦做作业,简直把学习当作累赘。

还有些学生是把学习当作应付任务。这类孩子一般是迫于老师和家长的压力,才进行学习。可是上课时,她们极易走神,小动作不断;做作业时,她们往往投机取巧,拖拖拉拉,能混则混,应付交差,能少做一题,决不多做,甚至上网查询、打电话问同学,或直接抄答案,有的甚至专门花钱雇人做作业。

也有些学生是学习不得法,畏难情绪严重。这类孩子还算听从家长和老师的要求,在课堂听讲和作业完成方面,态度比较认真,但她们的学习方法比较死板,做不到举一反三、触类旁通。对于学习中的难题,她们往往想法子绕开,不会主动去弄清缘由。

现在的孩子大都是家中的小皇帝、小公主,平日里,家人都围着她们转。在学习上,她们一遇到难题,家长便上阵解围。这无形中导致了孩子自己解决学习问题、考虑学习难题能力的逐渐消失。

如果孩子缺乏自主学习的能力,会直接影响成绩的提高和自信心的形成，严重的还可能引起厌学情绪，家长应该从自身查找原因，不可忽视问题的严重性。

给孩子创造适宜孩子学习的家庭氛围。

学习是一种特殊的脑力活动，需要适宜的气氛和环境。这种良好气氛是保证孩子形成主动学习状态的重要条件。对此，家长要注意以下几点。

第一，切忌说教，注重一点一滴。

有家长认为，要求孩子好好学习必须经常说很多道理，其实不是这样，家庭教育要注意养成，注重潜移默化，让孩子良好的学习习惯依靠一次次的重复以成自然。浓厚的学习兴趣依靠一点一滴培养起来，令人乏味的说教会破坏适宜学习的气氛，所以家长要学会说话，保持正常的家庭气氛，让孩子感到平和、宁静、有安全感。

第二，切忌"轰轰烈烈"，注重循序渐进。

由于对孩子寄予很大希望，家长容易制订许多教育计划，抓紧一切机会和空闲让孩子学这学那，把家庭教育弄得轰轰烈烈，气势很大，这是没有必要的。孩子的学习通常有十几年的时间，轰轰烈烈的气氛会破坏正常的学习进程，以轰轰烈烈开始的家庭教育，必定会虎头蛇尾。

第三，切忌严厉，注重营造宽松氛围。

严厉的气氛并不适宜大脑思考，学习是脑力活动，大脑如果处于恐惧和惊惶之中，是不可能出现积极状态的，用脑需要宽松的环境。有的家长在孩子做作业时，守在一旁，孩子稍稍做错了一点，就厉声训斥，甚至一巴掌打过去。这种紧张的气氛使孩子恐惧，大脑的思考被严重抑制、扰乱，严重妨碍孩子的学习。

第四，切忌支配，注重让孩子主动学习。

家长要用心创造一种气氛，就是让孩子自己主动学习，而不是让她每天放学回到家就听从安排，什么时候做作业，什么时候玩，形成一种支配和被支配的气氛，这对孩子学习是不利的。比如孩子刚上学，回家肯定要问家长："妈妈，现在可以玩吗？"这时家长要指导孩子开始学会自己安排学习和玩耍，家长可以说："你能自己安排吗？不会的妈妈帮你。"这样可以发展孩子的主动性，让她学着自己安排学习。

第五，以身作则，用自己的实际行动来影响孩子。

平时，父母给孩子做榜样。可以有效地利用闲暇时间看看书、读读报，不能把闲暇时间都用在看电视用电脑上，只有这样，孩子才会利用闲暇时间学习。父母是孩子的榜样，父母如果能积极地学习新知识新技能，也能很好地鼓励自己的孩子。相信父母做好了，孩子也能做好。

总之，不同的孩子要不同对待，因人而异。父母要结合自己的实际情况，和孩子一道去完成学业，各尽其职。

乐学好学，让孩子快乐学习

越越最近迷上了《我是未来的科学家》这套书，放学回家后总会做点实验小游戏。书里的很多实验她都模仿过，比如"火山爆发"：把苏打粉放在玻璃杯中，慢慢往里面倒醋，流出的泡泡就像火山爆发。越越开心极了。

有一天，越越在玩水的时候，忽然想称一称一盆水的重量。可是怎么称呢？在妈妈的提示下，聪明的越越一下想起了《曹冲称象》的故事。越越找来十几个矿泉水瓶，打算一瓶一瓶地称。但是天平有些小，越越不得不放弃用矿泉水瓶当代替物的想法。于是她用自己的刷牙杯子装水，装一些，称一些。在妈妈的建议下，越越找来纸笔，记下每一次称的杯子和水的重量……就这样，越越终于称完了盆里所有的水。越越在每一次"实验"小游戏中，学到了很多知识，更加迷上了读书和学习，并且立志将来要做一个伟大的科学家。

孩子一旦有了兴趣，就能对感兴趣的事物进行积极的探索和研究，也就能自觉自愿、主动愉快地去学习。所以说，兴趣是孩子最好的老师，是她们探究新事物的动力，也是推动她们学习新知识和从事活动的一种精神力量。

有人问，兴趣可以培养吗？虽然兴趣有天生的成分，但大多数都是培养出来的。

对于孩子，不要只是让她们去干自己感兴趣的事情，而要努力去培养她们对应该干的事情感兴趣。我们应该让孩子把握自己的兴趣，而不是让兴趣控制她们。该爱不爱，必受其害。在生活中就有许多这样的例子，如不爱吃蔬菜导致营养不良等。

对孩子学习兴趣的培养，应着重于以下几个方面。

第一，家长要言传身教。

父母的读书兴趣对孩子有着潜移默化的影响，那些音乐世家、书香门第等正是这样产生的。例如，六龄童演猴戏，他的孩子六小龄童的猴戏登峰造极，正是家庭熏陶的结果。实际上，兴趣教育比强迫孩子去做连家长自己都不感兴趣的事更容易，效果也好得多。所以，培养孩子读书的兴趣，父母的言传身教至关重要。

所谓"言传"就是尽可能早地读书给孩子听并养成习惯。因为要培养孩子读书的兴趣，就得把书的魅力展示给孩子，就像要让孩子吃梨，得先让其看到尝到一样。随着孩子年龄的增长，还要在读完书后进行思想引导，如"书可以给我们打开一扇窗口，发现另一个美丽的世界。""世界上谁的力量最大？有智慧的人。有智慧的人是无法战胜的。那智慧从哪里来？从书里。""将来我们都会变老，无论长得美的丑的，老了大家都差不多，不同的是什么呢？用一生积累智慧财富的人，也就是一生都在读书的人，即使老了，也是美的。"在思想引导之后，孩子自然会更喜爱读书了。

第二，让书籍成为孩子生活的一部分。

让孩子的生活离不开书，是培养孩子读书兴趣的有效途径。

（一）让孩子及早接触文字。平时不妨将食品包装上的文字指给孩子看，然后大声念给孩子听，让孩子逐渐了解到这些文字符号是有一定意义的。除此之外，将报纸上的大标题念给孩子听，或者在上街时，将广告牌上的内容指给孩子看，这些都是让孩子及早熟悉文字的好方法。

（二）每天念书给孩子听。不论孩子多大，她都可以和家长一起享受读书的乐趣。几个月大的孩子虽然还听不懂家长念的是什么，可是她能从家长柔和的读书声里体会到读书带来的安慰。孩子上小学以后，虽然可以自己读书了，但是如果每天仍能有一段时间和父母一起读书，这种温馨的体验对孩子来讲还是很难忘的。

（三）将书摆放在孩子能拿得到的地方。家里的每个房间最好都要有书，让孩子随手就可以拿到。逢年过节，当有亲友要送孩子礼物时，可以让他们将书作为给孩子的礼物。

第三，发现孩子的兴趣点。

要培养孩子的广泛兴趣，鼓励孩子接触多方面的事物，从而获得"广博的知识"。在广博知识的基础上，注意发现孩子的特殊爱好，使其在某一方面有所专长。当孩子做出选择后，要鼓励她保持恒心，不使她半途而废、一事无成。如果孩子对读书并无兴趣，可以试着以她的其他兴趣为桥梁，把她的兴趣引向书本。例如，让她看一些与她的嗜好、所喜欢的运动有关的或关于某个有个性的人物的书籍。如果孩子的兴趣很罕见，也不要失望，书籍五花八门，什么都有，只要下功夫，就能找到合适的。

第四，因人施教。

根据教育心理学家的建议，对不同智商的孩子，兴趣培养也应不同。

对智商一般的儿童，不宜提出过高的要求，应随时注意并尽力帮助其克服畏难情绪，增强自信心，养成迎难而上的习惯。

对智商较高的儿童，应适当增加其学习的难度与强度，经常肯定与鼓励他们取得的进步，激发他们向更高台阶迈进的欲望。

对智商低的儿童，要提出符合实际的要求，利用他们好强的心理，发掘孩子对某一学科的"兴奋点"，并以此作为突破口，使其学习成绩接近或超过智商较高的同学，从而克服自卑心理，培养学习兴趣。

父母不能替代孩子自学

学习能力是孩子的先天特性，但更需要后天培养。可以说，所有的教育都是在培养孩子的学习能力。如果能够有意识地引导孩子独立地进行学习，往往会获得意想不到的效果。自学能力的培养，可以大大促进孩子的学习兴趣和学习能力的开发，为孩子在以后的各方面发展赢得优势，这种优势越到后来越能明显地发挥出来。

第一，父母避免做孩子的"陪读"。

父母对孩子的教育都很重视，希望孩子学习成绩好，但又不相信孩子自学的能力和自觉性。于是，每天晚上辅导孩子做作业、为孩子检查作业便成了父母一定要做的事。这样做的后果是让孩子有了依赖，就不把作业放在眼里了，从而便会用无所谓的态度对待作业。并且，当孩子有了依赖时，自己学习的兴趣和学习的信心都会明显地降低。

第二，帮孩子建立科学的自学方法。

学习优秀需要兴趣和良好的环境，更需要科学、正确的方法。要想使自己的孩子获得优异的成绩，取得学习上的成功，除了对她提供一些必要的物质保证外，精神和智力上的支持也必不可少。其中，帮助孩子建立一套科学的自学方法显得尤为重要。

第三，教导孩子做自学笔记。

在自学的过程中，做笔记绝对是重要的学习技巧。复习一门功课，需要好几本教材和辅导资料、习题集。但是做好笔记之后，就一下子把最精华的部分归纳总结好了，复习起来很方便，查阅起来也很方便，应付考试更方便。所以有没有学习，从笔记上就可以看个八九不离十。

自学时，可以先在书上把重点标记出来，然后把标记的部分记在笔记本上。这样方便对所学的内容进行整理，也有助于加深理解。对于一些很难短时间内就掌握的东西，可以分别记在小卡片上，把小卡片放在口袋里经常拿出来看看，这样很快就把所有内容记住了。

第四，教导孩子学会预习。

家长平时要注意孩子是否具备预习的能力或潜力，主要是看孩子基础掌握得好不好，如果以前的基础不扎实，也就没有能力去学习后面的课程了；如果发现孩子现有的学习基础不错，要尽快制定一个阶段性总体目标，让孩子有一个追求的方向，这会使孩子产生强烈的兴趣和动力。父母可以引导孩子把总体目标分成一个个切实可行的小目标，制定详细的时间表，让孩子在一步步完成的过程中尝到成功的喜悦，并从胜利成果中获取进一步学习的动力。

父母在教孩子预习的方法时，要让孩子选择自己认为最优秀的课程开始预习，因为优秀的课程学起来有更多的兴趣，而兴趣又会使自学的劲头更大、效果更好。学好这一科之后，就能把这一科的经验推广到其他科目上去。

第九章
饮食搭配，让女孩有个健康的身体

营养膳食,不瘦不胖

人生最宝贵的是生命,而生命中最重要的是健康。小学生的健康需要父母的呵护。要想拥有健康的身体不仅要有健康的饮食观念,更需要有科学的饮食方法。因而要教育小学生懂得饮食的重要性,懂得不合理饮食的危害性,懂得"平衡膳食"的原则,培养她们养成科学的膳食习惯。

琪琪就要毕业了,马上就要成为一名中学生,可琪琪的父母却特别发愁,因为琪琪的个子明显比同龄的孩子低,可"小将军肚"却是别的小朋友比不了的。要说琪琪的营养可是非常丰富的,可为什么总是"横向长"而不"向上发展"呢?

随着生活水平的提高,餐桌上的食物越来越丰盛。可是丰盛并不代表着营养搭配得合理。这对于正处在生长发育期的孩子更为重要。6~12岁的学龄期儿童,成长速度较为一致,对于食物的摄取也较为固定,但是由于儿童对食物的喜好有所不同,不是多吃,就是少吃,出现偏食及过胖的现象。一般而言,9岁以前对热量的摄取并无性别的差异,不过到了9岁以后,由于男女儿童的生长情况开始有所不同,相对地对热量的摄取也就有所不同。女生在9~12岁之间生长发育较为快速,而男生则是在10岁以后的活动力开始加强。这个时期的父母亲应注意膳食中要含有丰富的蛋白质、维生素、矿物质,以供给学龄期儿童的营养需要。

第九章　饮食搭配，让女孩有个健康的身体

小学生时期的生长发育速度较幼儿期缓慢，但机体各个脏腑器官仍然在迅速发育，特别是大脑和智力发育是人生中最旺盛的时期。因此，小学时期的营养直接关系到德、智、体、学的全面发展，也是人一生中奠定聪明伶俐、动作敏捷、身心健康的关键时期。

关注孩子的健康，就要关注她们的一日三餐。有的家庭安排得非常合理，食物种类五花八门，而有的家庭的饮食则是非常简单，品种极为单调。还有的青少年不吃早餐，上两堂课就饿了，精力不集中而影响了学习。一日三餐不仅要定时定量，更重要的是要能保证营养的供应，做到膳食平衡。一般情况下，一天需要的营养，应该均摊在三餐之中。所以，一日三餐的热量，早餐应该占25%~30%，午餐占40%，晚餐占30%~35%。

6~12岁的儿童正处于迅速发育阶段，特别是小学后期进入生长突增期，对营养要求较高。课堂学习要求注意力集中，相对比入学前脑力劳动加大，而游戏活动则日趋减少。因此，这个时期的膳食应注意以下几点。

第一，膳食要多样化，量要充足且平衡合理。

根据季节及市场供应情况，做到主副食粗细搭配、荤素、干湿适宜，多供给乳类和豆制品，保证钙的供应充足。

第二，适当安排餐次，除三餐外应增加一次点心。

三餐能量分配可为早餐20%~25%，午餐35%，点心10%~15%，晚餐30%。早餐必须丰富质优，既要吃饱也应吃好。如早餐营养供给不足，小学生常在第二节课后出现饥饿感，影响

听课的注意力。一般宜供给一定量的荤食（50~100克），如1个鸡蛋、1瓶牛奶或豆浆以及肉松、火腿、酱肉等，还可增加课间点心一次，以供给充分的营养素和能量，利于脑力劳动。午餐也应充分重视，父母如能为孩子提供质量好的午餐，对提高孩子身体素质有极大作用。晚餐一般在家进餐，双职工家庭往往晚餐最丰盛，但从营养学观点看，晚餐不宜油腻过重、吃得过饱，否则会影响睡眠、休息，晚饭后最好不再进食。

第三，培养良好的饮食习惯，注意饮食卫生。

饭前便后应洗手，瓜果应用洗涤灵、清水冲洗净后再吃，还要养成不偏食、不挑食、不吃零食的好习惯。

偏食和挑食怎么对付

保证孩子的健康才能保证孩子对时间的利用率。如果专门吃一种或几种食物，就不可能满足人机体的需要，不爱吃一种或几种食物就有可能失去补充人体所必需的成分。很明显，偏食是一种对孩子身体极为有害的不良行为，必须加以纠正。

有的孩子只爱吃某些食物，有的孩子根本不吃某些食物，这些都是偏食的表现。偏食对孩子的生长发育是很不利的。有的孩子对食物很挑剔，即使一碗菜也要从中挑选出自己喜欢吃的部分，而剔除不喜欢吃的部分，这就是我们所说的挑食。

挑食是不符合饮食卫生要求的。吃饭的时候，对饭菜挑挑拣拣，饭菜很容易被搞凉、弄脏。同时，在挑拣食物的过程中，孩子常常会出现一种抑制食欲和消化液分泌的条件反射。凡是有挑食习惯的孩子，一般都不可能保持良好的食欲和最佳进食的状态。

偏食或者挑食都是不良的饮食习惯，都不利于孩子的生长发育和身体健康，应该及早加以纠正。

对于孩子的偏食或者挑食，父母应该注意以下几点。

第一，饮食要多样化。

在孩子喜爱吃的食物中可以夹杂一些不喜欢吃的食物，也可以将不喜欢吃的食物的色、香、味加以调整，或设法改变这种食物的形态后再食用，这样可能纠正对某些食物的偏恶心理。父母做饭的时候，应该把米、面、菜等收拾干净，不要在饭菜里留下谷壳、沙粒、杂质、腐败部分、虫体等，这样可以避免孩子进食时挑选。父母还应该告诉孩子：在吃饭的时候不要挑剔，要按顺序吃，挑挑拣拣，上下翻动，这是一种不文明、不礼貌的行为。

第二，纠正"贪食"的方法。

（一）父母要让孩子养成定时进餐的习惯。贪食习惯形成的原因之一就是进餐不定时，如果能够定时进餐，而且吃饭的时候吃饱吃好，她们平时就不会想吃其他东西了，贪吃的习惯就可能会慢慢地得到克服。

（二）父母要让孩子少吃零食，即使吃零食也应该有一定的时间和规律。一般的情况是把零食放在两顿正餐之间进食，或者放在饭后进食。严格地按一定的时间给孩子零食,对于防止儿童贪食的习惯也是有一定的作用的。

（三）父母要教育孩子正确对待吃零食的问题。吃东西是为了让身体得到充足的营养,而不是为了"快乐"和"享受"。饿了应适当吃东西,并且要吃好吃饱,肚子不饿的时候,就不要吃东西,这样就能防止"贪食"的习惯了。

另外,也不要让孩子边听故事边吃饭,边看电视边吃饭。这些都会影响消化,而造成孩子食欲不好,消化不良等,因为人的高级神经系统活动,对胃肠的消化功能有影响。当进食时,由于条件反射的作用,胃肠的消化液分泌旺盛,胃肠蠕动增强,食欲很好。

第三,让孩子吃饭不再成为问题。

孩子吃饭的问题,是父母最头疼的事,先是哄,然后是吓唬,接下来就是强迫执行。这绝不是好办法,许多父母也知道。但是,怎样才能培养孩子良好的饮食习惯呢?

（一）饭前不要让孩子吃东西。饭前一小时内不让孩子吃糖果、雪糕等零食冷饮,也不要喝大量的开水,以免影响胃液正常分泌或冲淡胃液,造成孩子食欲下降。要让孩子知道,吃东西必须在一个特定的时间内进行。

（二）不要把孩子不良的饮食习惯总是挂在嘴边。过分关注孩子的一些不良饮食习惯,只能强化这些坏习惯,如有一位妈妈常说:"我的孩子就是不喜欢吃茄子,一见做好的茄子有黑颜色就说脏,强迫她吃,她就呕吐。"由于妈妈总提这事,孩子就很难改变对茄子的不良印象，一直到很大也没有改变不吃茄子的习惯。

（三）向孩子介绍一个新食物时，不要对新的食物大惊小怪，尽量先把食物拿给孩子看，不要作任何评价。孩子能够欣赏富有吸引力的食物。食物的味道不一定总是非常可口，精美的器皿、诱人的食物外形，都能使孩子产生胃口。

（四）吃饭前要让孩子保持安静、轻松而愉快的情绪。吃饭的环境也要安静整洁，按时进餐，让消化液正常分泌，切不可过度兴奋或疲劳，不要苛责孩子。

（五）当孩子不想吃东西的时候，不要强迫她吃，更不要把食物塞到孩子嘴里。你可以用一些温和的方法劝你的孩子吃东西。

（六）如果孩子一再拒绝吃你给她的食物，不要再强迫她，另外提供一点她最喜欢的食物。首先，尽你所能，按你的孩子所喜欢的去做，以一种她能够接受的方式让孩子进餐，并从中获得乐趣，然后再向孩子推荐你想让她吃的食物。

（七）如果孩子发脾气、任性，切不可用糖果、饼干等食物来缓解、转移孩子不合理的要求，以免形成一到吃饭时间就吃零食的习惯。进食时，更不可迁就孩子边吃边玩，或追着跑着喂孩子，可采取不理睬的态度，坚持下去，孩子会自知没趣而"休战"的。

不挑食的女孩才有健康美

　　一份对8个国家、2880名母亲进行的关于孩子是否挑食的调查结果显示，全球平均有57%的母亲都认为自己的孩子有挑食毛病。在孩子当中，挑食是一种普遍存在的现象：有的孩子吃起零食来没完没了，到吃饭时却总说没胃口；有的孩子一顿要吃两只鸡腿，却一点儿也不喜欢吃蔬菜。

　　不喜欢食物的口味或因不良的饮食习惯而拒绝进食或极少进食某一类食物就称为挑食。挑食是儿童常见的坏毛病，如果不及时矫正，不仅会导致孩子摄取营养不足，严重影响她们的身体发育，还会养成她们任性执拗的坏习惯。

　　现代医学证明，保证各类营养素足量并且保持一定比例的摄入，才是全面、平衡、健康的膳食。在实际生活中，由于受季节、加工、烹调方法和各地饮食习惯等因素的影响，实际上很难做到平衡膳食，而挑食更是会导致某些营养素的摄入不足或过量，从而导致营养不良，造成体质虚弱，抵抗力差，容易生病或过度肥胖，稍稍运动便气喘吁吁，严重影响孩子的生长发育。

　　父母要纠正孩子的挑食习惯。

　　第一，一日三餐要有规律，定时定量。

　　合理安排和指导孩子吃零食的时间、数量，尽量减少或逐渐取消孩子的零食。

　　第二，变换花样给孩子做可口的饭菜。

　　每天的食物尽量多样化，谷类、肉类、豆类和蔬菜应合理搭配，营养全面、丰富。注意烹调方法，尽量把食物做得色、香、味、形俱佳。

第三，禁止一面进餐，一面看电视、看书或玩玩具。

这样会影响孩子的胃液分泌，分散孩子的注意力。要确保孩子有固定的吃饭时间和地点，就餐时，所有人都坐在餐桌前，电视和音响关闭，安静吃饭。

第四，进行积极的心理暗示。

赞美食物，大人要表现出吃得津津有味，孩子自然愿意品尝。

第五，营造轻松愉快的用餐氛围。

父母放松、随意地用餐能使孩子学会享受吃的乐趣。当孩子乖乖吃下时，父母要多多夸奖。如果持续一周偏食挑食，最好的办法是不加理睬，因为她们会把任何形式的注意都当成是一种奖励。

第六，消除恐惧。

有的孩子对于吃某种食物有恐惧心理，如有的孩子怕吃鱼，是因为怕被鱼骨刺伤。因此，家长应想办法引导孩子正确去除鱼骨之后，再让孩子吃，或让孩子吃少刺的鱼。

第七，孩子多做户外活动，多喝开水（尤其是冷开水），以促进新陈代谢，但避免进食前剧烈运动。

孩子刚刚做完剧烈运动后是没有食欲的，如果此时就餐，孩子必然会挑挑拣拣，长此以往，易养成挑食的坏习惯。

第八，顺从但不纵容。

孩子某一时刻或因身体状况不好而对某样食物拒绝时，做家长的不要去硬逼着孩子吃，但也不要由此便乱给孩子下定义"她不喜欢吃这种东西"，即使孩子对某样东西稍有反感，我们也要注意用各种方法如讲小故事等形式启发孩子，例：某某就是吃了什么，才长得高，成了冠军；某某动画明星，很喜欢吃鸡蛋、菠菜才有本事。

总之，孩子良好的习惯需要家长们耐心地培养，只要我们结合孩子的年龄和消化特点，合理安排孩子的食谱，饭菜的品种多样化，重视色、香、味、形，再加上我们的正确引导和及时鼓励，就一定能帮助孩子改掉挑食的坏习惯。

控制零食，保证营养膳食的摄入

零食，即我们通常所说的小食品。这种食品最早出现在发达国家，为的是适应"高节奏"生活的人群，如方便面，以后逐渐衍生出种类繁多的小包装食品。

小学生正处于长身体的特殊时期，对能量和各种营养素的需要量比成年人相对要多。吃零食，虽然满足了嘴的要求，但到吃饭时却吃不下去了。造成主次颠倒，影响食欲，妨碍消化系统功能，结果损害了身体健康。整天零食不离口，还会使胃液分泌失调，消化功能紊乱，食欲减退，对正餐不感兴趣，结果必需的营养素得不到保证，热量摄入也不够，必然影响健康。另外，吃零食也容易引起感染，吃零食时，往往是随手抓来，最容易由于手不干净或食品不洁而致肝炎、腹泻等疾病。

其实，适当地吃些零食，不仅可以丰富和改善我们的生活，还可补充主副食中的营养不足，满足不同人群的生理需要。爱吃零食是孩子的天性，适当吃些零食对孩子是有益的，关键是要严把"质""量"关，要遵循一定的原则。

第一，不吃夜食。

不少孩子在晚餐之后边做作业边吃零食，或者边看电视边吃零食，或者边听音乐边吃零食，更有甚者躺在床上吃零食。这样吃零食会过量进食，长此以往会导致体重超标，身体素质下降。

第二，控制孩子吃零食的量，以不影响正餐食欲为宜。

第三，看电视时不要吃零食。

边看电视边吃零食，在不知不觉中会吃下去许多。研究发现，看电视时间长的孩子容易得肥胖症，这与吃零食有一定的关系。

第四，不要过多吃油炸食品。

油炸食品还对食物中的维生素破坏较大，不宜吃得太多。

第五，不要过多食用高糖食品。

所谓高糖食品，不仅包括加入蔗糖太多的甜食和糖果，也包括以淀粉为主要成分的食品，如膨化食品和饼干等。

第六，不要过多喝含糖饮料。

当前市场上销售的饮料绝大多数含糖量较高，如各种果汁饮料、碳酸饮料、茶饮料等。同时，这些饮料中还包含对儿童、青少年生长发育可能有不良影响的色素、香精和防腐剂等。

第七，不要大量进食冷饮。

许多儿童吃冷饮成癖，无论春夏秋冬，一有机会就大吃冷饮。大量吃冷饮会使胃肠道温度骤降，局部血液循环减少，容易引起消化功能紊乱，同时还可能诱发经常性的轻微腹痛，从而影响孩子的生长发育和身体健康。

第八，吃零食时要注意卫生。

不干净的零食不要吃，尤其是那些直接手抓入口的零食，吃前一定要把手洗干净。

养成好的进餐习惯

晚餐时电视中放的大多是动画片，许多小朋友由此养成了喜欢在吃饭的时候看电视的习惯。许多家长认为孩子吃饭时看电视只是习惯问题，孩子太小等长大再改也不迟，其实边吃饭边看电视还是有不少弊端的。

人在吃饭时，需要有消化液和血液，帮助胃肠消化食物。吃饭时看电视，大脑也需要大量的血液。这样，相互争着血液的供应，两方面都不能得到充分的血液，就会吃不好饭，也看不好电视。时间长了，还会发生头晕、眼花的问题。

营养专家表示，吃饭时看电视，虽说不是好习惯，但成年人因为有能力分配自己的注意力，所以能同时处理好吃饭与看电视两件事。而对于生长发育中的孩子，吃饭是一件需要专心的事情。因为吃饭的过程不仅是将营养素吃进去的过程,还是让营养素吸收发挥最佳状况的过程。精力过度分散不利于胃肠的正常蠕动,消化液的分泌。

另外,进餐还是一个要学会咀嚼、使用餐具、享受美味、培养餐桌礼仪的过程。因此,当孩子还处在成长的阶段时,最好帮她培养起专心进餐的习惯。

如何帮助孩子改掉边看电视边吃饭的坏习惯呢?

第一,善于引导,要给孩子耐心讲什么样的吃饭习惯是好的。

比如,发现孩子形成边吃饭边看电视的习惯后后,就开始引导她,不看电视吃饭会更香,鼓励她吃饭时负责关电视,当她主动关电视时,就及时提出表扬,渐渐地她就会默认了吃饭时不看电视的规矩。每个家长都希望孩子健康成长,那么就一定要从小培养孩子良好的学习和生活习惯。当然这一切需要付出爱心,需要付出耐心,需要付出大量的时间。

第二,在纠正孩子这一习惯时不可用过于强硬、粗暴的方式,以免孩子产生抵触情绪,甚至导致厌食的情况。

在很多家庭中都出现过这种情况,不但没有改掉孩子边吃饭边看电视的习惯,反而让孩子拒绝吃饭,或者简单吃两口,来应付家长。

第三,家长以身作则。

如果不想让孩子看电视,家长首先要以身作则,关掉电视机。心理学家表示,孩子看到大人吃饭会本能地模仿,这是让孩子学会吃饭的最好时机，除了容忍一段时间的满身、满地脏，家长自己还要认真吃饭，给孩子树立一个好的进餐榜样。

让女孩爱上新鲜水果

水果的营养十分丰富，几乎所有的酸性的水果中都含有大量的维生素C、A、B。诸如常见的橘子、苹果、香蕉、梨、桃、菠萝、杨梅、杏、李子、葡萄、柠檬、枣、柿子等，这些水果中钙、磷、铁、碘等矿物质与多种氨基酸等成分也不少。

人体如缺少这些维生素与矿物质，就会对健康带来影响，特别是维生素C在水果中的含量远比蔬菜高，蔬菜在清洗、切碎、加热过程中，维生素C还会损失很多，而水果就没有这些损失。缺少维生素C，人体对疾病的抵抗力会降低，血管的通透性、脆性会增加，还容易得坏血症与骨质疏松，易出现骨折。维生素C缺乏还会使伤口难以愈合。

此外，水果的药用价值也很高，如西瓜能清肺、利尿，梨可治咳嗽，红枣能补血，香蕉可通便等。

水果对成长发育中的孩子作用非常大，父母要让孩子多吃水果。

随着我们生活水平的提高和饮食结构的不断改善，水果已经成为人们日常生活中不可缺少的食品。一年四季均有新鲜水果上市，可以调剂人们的口味。水果不但种类多，而且鲜嫩味美、香

第九章 饮食搭配，让女孩有个健康的身体

甜可口，又能生食，有利于保护所含营养素，防止营养丢失，因此让孩子爱上水果是非常重要的。

吃水果也是有很大讲究的，特别是对不同身体状况的孩子。有些孩子吃了水果会出现一些症状，这时就要注意了。例如：脾胃虚寒的孩子吃了西瓜或生梨会拉肚子；阴虚火旺、大便偏干的孩子吃了橘子、荔枝、杨梅或芒果会出现口腔溃疡。所以父母要了解孩子的体质，懂得一些水果冷热性质的知识，给孩子提供适合她们体质的水果，避免发生上述现象。有些孩子吃了水果可能引发过敏反应，如吃菠萝后嘴唇发麻、腹痛、呕吐、皮肤发红、身上出现肿块等，这主要是因为菠萝中含有一种容易引起过敏反应的菠萝蛋白酶。如果预先用盐水浸泡去皮的菠萝块，就可以破坏这种蛋白酶的活性，不会引起过敏。

孩子喜欢变化多样，因此除了提供水果原形外，父母还可以考虑把水果做成菜肴，如水果色拉、拔丝苹果、卡夫酱拌草莓黄瓜、牛奶香蕉片、水果羹等，也可自制草莓酱、苹果酱等。

一般来说，吃水果可以从早餐开始，如苹果、香蕉、猕猴桃、水蜜桃都可以作为早餐食物的选择，也可以喝一杯果汁饮料。午餐或晚餐后可以提供西瓜、哈密瓜、葡萄、梨、橘子等。但要注意餐前吃水果的量不能太多，以免影响孩子正餐的摄入量。临睡前也不宜摄入大量水果，以免影响睡眠，尤其是摄入含水分太多的水果可能会造成孩子遗尿，摄入含糖分多的水果则可能影响牙齿健康。

家长要明白，我们不仅要给孩子提供水果，更重要的是要培养孩子养成吃水果的习惯，这个习惯将有利于孩子一生的健康。

小心吃洋快餐过多变成小胖妹

美国《华盛顿邮报》曾刊登一幅画着热狗、汉堡包、薯条和雪糕的图片，上面写着"我们害死的美国人和烟草一样多"。在洋快餐的故乡美国，人们都有了这样的认识，做父母的还有什么理由再让孩子选择洋快餐呢？

由于洋快餐具有"三高"和"三低"的特点，即高热量、高脂肪、高蛋白质和低矿物质、低维生素、低膳食纤维，因此，国际营养学界称之为"垃圾食品"。

曾有人做过实验：一个人在30天之内一日三餐只吃洋快餐，在此之前此人身体非常健康，到实验完全结束时，此人肝脏呈现中毒反应，胸口闷痛，血压大幅度升高，胆固醇上升了65%，体重增加了11公斤。进行监督的医生明确指出：长期食用美式快餐等"垃圾食品"，可能会对健康造成永久性的伤害！

经实验研究显示：高脂肪的洋快餐会损害儿童正在发育的神经系统，并对其大脑和思维素质造成永久性的伤害。

美国科学家还发现，汉堡包和其他动物脂肪的油炸食物中，含有一种更为有害的胆固醇——氧化胆固醇，它能损伤冠状动脉，加速其硬化，诱发心脏病。因此，美国农业部已向全国中小学生建议少吃汉堡包。那么我们的父母们，为了孩子的健康，是

不是也应对孩子吃洋快餐有所控制呢？

父母应当坚持亲手烹制美味来吸引孩子。其实我们原有的饮食结构搭配是非常合理的，应该让青少年每日的饮食保持多元化，保持中国式传统饮食。营养专家认为，中国的蔬菜等都非常新鲜，应该在每日三餐中合理搭配足够的果蔬、豆类、谷物、蛋奶和鱼肉等食品，保持营养均衡，这样才能使孩子健康成长。

好父母会做到以下几点。

第一，父母要对洋快餐的营养缺陷及对身体健康可能造成的后果要有清醒的认识，并且要经常向孩子介绍和宣传常吃快餐对健康带来的负面影响。

第二，限制洋快餐的食用频率。

可以让孩子品尝洋快餐，但不能将其作为孩子日常膳食的一部分，不应经常吃、天天吃，更不能餐餐吃，一两个月光顾一次足矣。

第三，别拿洋快餐奖励孩子。

不要把吃洋快餐当成是对孩子学习成绩好或别的方面的成就的奖励，以免孩子对洋快餐产生渴求心理。

第四，孩子生病时不能去吃洋快餐。

孩子在生病的时候往往很害怕去看医生，有些父母为了让孩子配合看病，就对孩子许诺看了病带她去吃洋快餐。这种做法是很危险的，孩子生病后应尽量吃些清淡的食品，洋快餐中的油炸食品和冰镇饮料，只会加重孩子的病情。

远离夜宵，一日三餐不可少

从很多孩子的生活状态中不难发现，夜宵委实成了多数孩子的第四餐。孩子吃夜宵只管吃起来过瘾，但存在的潜在隐患做父母的却不应忽视。

夜宵都吃得比较好，虽然营养丰富，但也暴露出另一个问题，即营养如何消耗。据科学研究报告，在吃夜宵时往往吃大量的肉、蛋、奶等高蛋白食品，会使尿液中的钙含量增加，一方面降低了体内的钙贮存，诱发儿童佝偻病和青少年近视，另一方面尿液中钙浓度高，罹患尿路结石病的可能性就会大大提高。

据一些小学老师和父母的观察，在低龄阶段养成吃夜宵习惯的小孩，时间长后很可能加入"不吃早饭"一族，上午课间饿得要吃零食才行，午饭又吃不下去了，三四点放学后就成为校门口卖油炸食品、烧烤食品等小贩的忠实主顾。所以，到了晚餐时又没了胃口。饮食生物钟就是如此，一步踩不到点上，就会形成恶性循环。

针对孩子吃夜宵的问题，父母可根据情况区别对待，科学应对。

第一，一般情况下，让孩子养成科学的饮食规律。

每天三餐的饮食时间一定要固定，特别是晚餐时间，要安排在6~7点，孩子太早吃晚饭会在睡觉前感觉到饿。在孩子放学到晚饭这段时间不要让孩子吃零食，因为零食占据了孩子肚子以后，在晚饭时孩子就会不想进食，或者食量下降，等到睡觉前又会感觉到饿。另外，睡觉时间也要固定，不要过晚，一般安排在晚饭后的两至三个小时时间。

第二，特殊情况下，选择健康的夜宵品种。

有的时候孩子晚上吃饭早了些或者吃得少了，也不能一律禁止孩子吃夜宵，所以，选择健康的夜宵方式——尤其是夜宵的品种，就成了做父母的责任。做父母的可以选择以下的夜宵品种。

白粥。热量不高，益脾补气，安抚肠胃。假若孩子白天进食过杂，临睡前的一小碗白粥可以把肠胃的不适感都抹平了。

水果西米羹。注意少放点糖，成为酸酸甜甜软软糯糯的"糖水"，孩子都喜欢。

海鲜鸡蛋羹。海鲜的用量要少，放一点点蟹肉条和一枚北极虾即可，属低热高蛋白的羹类夜宵，易消化。

海苔饭卷。趁电饭煲里的剩饭还没有凉透，做几个黄瓜蟹肉夹心饭卷，配100毫升低脂奶，即是一顿绝好的夜宵。

猪肝泥夹小面包。补血益气的夜宵，操作简便，猪肝泥、鹅肝泥、荠菜泥都可选择超市的小容量瓶装产品。

低脂奶配小咸饼干。饼干若为芝麻苏打、蔬菜苏打或海苔苏打，更符合孩子夜宵的平衡、低热原则。

第十章
尊重隐私,帮女孩度过青春期

性教育没有什么不能谈的

专家指出性教育可分为幼童阶段（0~6岁）、童年阶段（7~10岁）和少年阶段（11~14岁）。孩子到了3岁时应该对自己的性别有明确的认识，能清楚地认识到自己是女孩还是男孩。3~7岁是性角色意识的重要培养阶段，孩子会从日常的家庭生活中进一步加深对性别、性角色的认识。7岁之前的性教育，父母的作用无疑是最重要的，父母是孩子性教育的启蒙教师。因此，一旦孩子无法从父母处得到帮助，便会产生这样那样的问题。

12岁的安琪不知不觉发现自己和朝夕相处的女孩子在身体外形开始截然不同了。为此，她感到惶恐不安甚至害羞，但又不敢问父母。尤其在男同学面前，她不敢抬头，不敢直视对方，不敢挺胸，连说话也支支吾吾，好像做了亏心事一样。她偷偷用穿紧身衣、束胸的办法来掩饰胸部的变化。有时候，还刻意在服饰、发型、言谈、举止等方面，扮成一个"假小子"。

李安和同学珠珠谈起了恋爱。可对爱情懵懵懂懂的两人都不知道谈恋爱应该是什么样子，两性之间的知识更是少之又少。一天，李安吻了珠珠。但接吻之后，两人便后怕起来，"我这样会不会怀孕呢？"珠珠惴惴不安。"应该不会吧，我也不太清楚。"李安对此并不确定。从此以后，珠珠总担心自己会怀孕，一有身体不适，便以为自己怀孕了，背着思想包袱，从此成绩一

第十章 尊重隐私，帮女孩度过青春期

落千丈。

多数父母认为，性教育就是告诉孩子有关性交、怀孕和生育的"真相"，即解释与孕育下一代有关的过程以及对性的感受。其实所谓"性认知"，应当是从孩子对个人及他人（包括自己的身体和别人的身体）的认知开始。父母抚触、搂抱孩子的方式，以及父母间的亲昵接触，都是传递性的最原始信息。一旦孩子能理解别人的意思了，就可以开始跟她谈到性。

直到今天，有的家长发现孩子偷偷翻阅色情刊物时，还会严加责骂；有的家长发现孩子言语粗鲁淫秽时，会恼怒不已；当孩子问家长有关性的问题时，家长仍然会编个故事或找个借口欺瞒自己的孩子。不少家长对性教育存在误解，他们认为性教育就是性行为，跟孩子谈性是难以启齿的。这种观点并不正确，它直接影响了孩子的性知识的获取，会把孩子推到迷茫和不知所措的境地。

至于答案，简单易懂就行，不要长篇大论向她讲述"生命的来源"，因为她对综合性的知识讲座毫无兴趣。如果你对这种简单回答也有点儿束手无策的话，现在书店里有很多适合不同年龄孩子性教育的书籍和家教杂志，建议你购买一本，选择有关能回答她提出的问题的章节、文章读给她听，其中那些能帮助她理解生命现象、男女性别的差异等问题的插图也可以给她看。这样，当孩子再问起这类问题时，你会感到自在得多。

青春发育期的青少年生理极易发生变化，性生理发育促进性意识的迅猛发展。他们对自己生理的变化会感到困惑、迷茫，迫

切需要成人的指导。而现实是，目前为这种早熟保驾护航的性教育却相对滞后。

正面回答孩子的问题。对孩子提出的有关性的疑问时，父母不要回避，可以直接回答孩子的问题。例如，可以科学而简洁地对孩子讲解两性吸引的道理，如实解答生育之迷。

其实性教育不只是性行为，它还包括认识两性的差异、生育、男女恋情、性爱关系、与异性相处之道以及身体的发育等方面的问题，亦即性教育是一种生活教育及人格教育。身为家长，适时与你的孩子谈性，关系到孩子对性观念和性知识的学习，以及对自己身体器官的了解，这对孩子是一门重要的教育课程。

回避、搪塞只会让孩子觉得这种事情见不得人，会觉得自己的好奇心让爸爸妈妈蒙羞了，甚至导致孩子对生育、性爱的恐惧。如果父母编造神话故事，只能一时蒙混过关，将来当孩子发现事实时，就会对父母失去信任。如果你想成为孩子的好家长，就必须从一开始老老实实地回答孩子提出的关于的性的问题。

父亲和母亲对孩子的回答应该基本一致，不要给孩子大相径庭的回答。否则，会严重误导孩子，使孩子对性产生错误的认识。

回答问题的时候，父母应该简洁地给孩子解释，而不是给她上一堂复杂的科学或者道德课程。如果你回答不了，就找一本简单的书，和孩子一起阅读。

教给孩子必要的生理卫生知识和自我保护的方法。例如，当女孩子月经初潮，要告诉孩子：你长大了，应该注意生理卫生。

要教给孩子，尤其是女孩子一些自我保护的措施，如怎样防止性侵犯，怎样紧急避孕等。

允许女孩结交谈得来的异性朋友

有些家长一见到自己的孩子结交了异性朋友，就会胡思乱想：孩子已经进入了十几岁，她们会不会早恋？其实，父母大可不必如此敏感。父母应该看到孩子结交异性朋友所带来的好处。比如，多几个性格、兴趣迥然不同的异性朋友，孩子会更容易看到自身存在的不足，取长补短，完善自己。

孩子需要不同类型的朋友丰富她的成长历程，当孩子结交异性朋友的时候，是孩子社交能力的扩展，父母不应该对此太过敏感，要选择支持和相信孩子，多和孩子谈论她的交友状况，引导孩子从异性朋友身上看到优点，取长补短。

孩子年龄尚小，还不能够分清爱与好感之间的区别，往往会把一时的好感当成爱。因此，父母不必大惊小怪，不要操之过急地去批评或责骂孩子，而是要耐心倾听孩子的心声，给予孩子更多的关爱，悉心指导孩子走过早恋这一时期。

不管是女孩还是男孩，对异性产生好感是正常现象，是孩子成长过程中都有可能面临的问题，父母不要把它视为洪水猛兽。

"真是拿我家孩子没有办法了，小小年纪就开始恋爱了。天天晚上很晚才睡。我以为她在认真学习，谁知道，昨天我悄悄推门一看，她居然在给她所谓的男朋友折纸鹤。"

其实，善于与异性朋友交往的孩子有比较健康的个性，比较合群，一般都能与外界保持良好的接触，不自我封闭。这些优势对于孩子以后适应社会的能力是非常需要的。

萌萌从小就是个外向的孩子，朋友也比其他的孩子多。男男女女，老老少少，都有跟她有交情的人。自从萌萌升入了中学后，妈妈发现她的交友状况突然发生了变化。虽然以前也有男性朋友，但是一般都是同学，而且明显比女性朋友少。可是最近萌萌的男性朋友越来越多。这是怎么回事呢？

后来，在不经意间，妈妈看到了一篇关于学生早恋的报道，她的心里就泛起了嘀咕：女儿会不会是在早恋？她交的那些新朋友是什么样子的人？会不会把女儿带坏？从此后，妈妈吃不好睡不好的，她开始密切注意萌萌的一举一动、来往信件和日记，唯恐孩子陷入早恋的误区。

萌萌妈妈的这种担心可能是所有家长的疑虑。特别是当孩子升入中学，父母对孩子结交异性朋友就会非常敏感，一有什么风吹草动就草木皆兵，疑神疑鬼。有些父母甚至会采取过激的举动，比如跟踪孩子、偷看日记等。本来好好的家庭氛围也一下子变了味道。

其实，男生和女生各有各的优势，孩子可以在与异性的交往中，相互帮助，相互弥补，在个性和习惯方面，可以塑造得更为全面。比如说，男同学可以从女同学那里学到细心和善解人意，从而弥补自己心大意的一面，女同学则可以从男同学那里学到坚强、果断，克服自己的娇气、犹豫。

而且在与异性的交往中，孩子会感觉很轻松，特别是经常被拿来和同性朋友相比较的孩子，在这方面的思想压力一下子减轻很多，从而能够更加身心健康、精神饱满地投入学习与生活。

教育女孩要自爱，不能偷尝禁果

下面这段对话是我在一次上课的途中偶然听到的，也是让我非常痛心的一段对话。

"瑶瑶，我又去做人流了，这已经是第三次了，我知道这样不好，可是我真不知道怎么办！"

另外一个小姑娘听完很震惊："天哪，你为什么要做人流呢？"

"怀孕了，还没结婚就要做人流呀。"

"那你不怀孕不就行了，我听说人流对身体伤害很大。"

"是啊，我自己也后悔。瑶瑶，你要好好学习，不要在学校谈恋爱，更不要做出什么越轨的事，不然到时候就和我一样，后悔都来不及了。"

……

女孩一旦到了十几岁，性意识便开始萌发，渴望和异性交往，这些都是情理之中的事。与异性适当交往，对女孩的身心发展有一定的帮助。但女孩一定要理智对待，注意度的把握，不可早恋，更不可在十几岁就发生性行为。十几岁的女孩一旦"坠入情网"，常会有性冲动，这也是正常的。但十几岁的女孩应该学会自尊、自爱，学会保护自己，贞操在当今社会还是要提倡的，十几岁开始性生活，对于一个未成熟的少女来说，无论是身体还是心理，都是极大的危害。

1. 过早的性生活会给正处于发育阶段的生殖器和阴道造成损伤，甚至出现感染

十几岁的女孩子身体各个部位的器官都还未成熟，尤其是阴部的皮肤组织还很娇嫩，阴道短表面组织薄弱，性生活时可造成处女膜的严重撕裂及阴道裂伤而发生大出血，同时还会不同程度地将一些病原微生物或污垢带入阴道。而此时期女性自身防御机能较差，很容易造成尿道、外阴部及阴道的感染。如控制不及时还会使感染扩散。

2. 过早的性生活会因妊娠而带来身心上的伤害

如果女孩在性交时不采取有效的避孕措施，极有可能怀孕。一旦怀孕就必须做人工流产，这是挽救女孩错误的唯一措施。而人工流产不仅对女性身体不利，还会引起一系列的并发症，如感染、出血、子宫穿孔以及婚后习惯性流产和不孕等。而且周围的舆论压力和女孩本身的自责、内疚，会给自己造成严重的心理创伤，流产后的女孩会很长一段时间都摆脱不了周围人的流言蜚语，甚至会影响婚后正常的性生活。

3. 过早的性生活会严重影响心理健康

性意识的朦胧可能会让少女偷尝禁果。但一般情况下，她

们都是偷偷摸摸地进行，缺乏必要的准备，因此会精神紧张。同时，在性生活过程中和事后会因怕怀孕、怕暴露而产生恐惧感、负罪感及悔恨情绪。久之还会使人发生心理变态，如厌恶男子，厌恶性生活，性欲减退，性敏感度降低和性冷淡等。这些都给女孩未来正常的婚姻生活带来一定的负面影响。

4.过早的性生活会影响学习和工作

十几岁的少女正处在学习、工作和积累知识，为自己创造辉煌未来打基础的黄金时代。如果有性生活必当然会分散精力，甚至无心学习，对本人、家庭和社会都不利，严重的会影响学业甚至一生的命运。

所以说，少女在十几岁应忌性生活，要珍惜自己的青春与身体，应把注意力和兴趣投入到学习、工作中去。这对于自身的健康成长、事业成就、生活幸福都有重要意义。

帮女孩树立正确的恋爱观

一个16岁各方面很不错的高一女孩，与同班的男孩相恋了，女孩的母亲与她进行了一次交心的谈话。

妈妈：宝贝，你是不是觉得他是最好的男孩？

女儿：嗯。

妈妈：妈妈相信你的眼光。但是，你现在才上高一，你认识的男孩有多少？

女儿：可是我心里只有他。

妈妈：你说你要上大学，将来还要出国深造，想成为一名律师或金融家。你知道你将来会遇上多少好男孩？其实，妈妈并不反对你现在谈男朋友，但是，妈妈最反感的是见异思迁。这位男孩是你到目前为止认识的最好的男孩，可是，你将来会有更多的机会，到那时你该怎么办？你会不会后悔？

女儿：可是，现在让我离开他，我很痛苦。

妈妈：那我问你，你初三时买的"随身听"呢？

女儿：前两天，您给我买了个高级的，我觉得音质比原来那个好，就把它送给别人了。

妈妈：这就是一样的道理。你如果把握好每一个机会，你以后的成就只能比今天大，你面对的世界只会比今天更宽阔，到时候你的选择也只会比今天更好，而且更适合你。如果你现在与这男孩真有那份情，到时候再让它开花结果多好。宝贝，一个人一生不可能不做些让自己后悔的事，但是，人生大事只有几件，后悔了，就遗憾终生。

女儿：妈妈，我懂了……

从那以后，女孩把对男孩的特殊感情像一颗种子般深埋心里。她明白，即使爱的种子发芽了，也还没有长成参天大树，更不可能结出甜美的果实。而在这之前，她只能做一个默默耕耘的农夫，等待庄稼的成熟。

所以，这个女孩无疑是幸运的。首先母女之间存在着朋友式的信任，女孩才敢把深藏内心的秘密告诉妈妈；其次，妈妈知道后，没有责骂，也没有居高临下的"教育"，而是对女儿的恋情娓娓道来，有理解，有启发，有暗含规劝的比喻，最后使女儿心服。

上初二的女儿谈恋爱了，让爸爸很着急。然而一旁的妈妈却没有对孩子的这种行为做任何评价，而是把女儿叫到身边，跟女儿讲起了自己当年的恋爱史。

"听说你谈恋爱了？哈哈，长大了啊我的宝贝女儿。那男孩怎么样？"

"谁说的？"女儿红着脸问。

"别不好意思嘛，妈妈在上初中的时候也谈过恋爱，只不过没谈几天，妈妈就'失恋'了。因为那男孩嫌妈妈学习不好，说妈妈以后不会考上好大学。"妈妈笑着说。

"那后来呢？"女儿好奇地问。

"后来我就没再理他了，妈妈好好学习，还考上了大学，我在大学里遇到了那个值得我爱一生的人。"妈妈深情地说。"那就是爸爸吧。"女孩笑着说。

"没错，你看现在我和爸爸多幸福呀，还有一个这么优秀的你。对了，跟你好的那个男孩怎么样？"妈妈很自然地问。

"反正我觉得他很会关心人。"女儿说。

"会关心人，应该是个很不错的男孩。不过妈妈给你一个建议，要想真正对这个男孩负责、真正对自己负责，那就给彼此一个期限。比如，等你们都考上大学后，再开始一段美妙的爱情也不晚呀！"女儿认真地点点头。但不久后，妈妈就听说女儿与那个男孩已经分手了，女儿告诉那个男孩："我们要想对彼此负责，要先对自己的未来负责。"

对于早恋的孩子来说，父母的理解是把她们拉出感情旋涡的最好方法。要避免女孩早恋，就不要过激地制止，而是要让女孩把她的心事说出来，说出来之后再去淡化这些问题。

然而在现实生活中，很多父母做不到这一点。大多数的父母一旦发现了女孩"早恋"，就忙着责骂女孩，还有些父母向女孩灌输"早恋可耻"的思想。结果导致女孩很叛逆："你越不让我谈恋爱，我越谈！"有些女孩甚至做出一些"出格"的事情来。

所以，对于十几岁的些女孩，父母要给予她们足够的理解、关心和耐心，巧妙地与女孩沟通，让女孩敞开心扉。这样，父母想要向女孩传输的恋爱观才会深入到女孩的内心中去。

让女孩自我评估恋爱能力

父母把这种事正常化、淡化，同时暗示女孩更好的在未来。主动和女孩讨论这些问题，提前知道女孩什么时候会出现什么样的状况。注意态度一定要亲切，把女孩当成朋友。接下来，你只需要让女孩问自己三个问题。

为什么喜欢这个人？

让女孩拿出一张纸，写下对方吸引她的地方。是迷人的外貌，还是幽默风趣的个性？

第十章 尊重隐私，帮女孩度过青春期

有一句话说得好，若想找到白马王子，自己就必须是白雪公主。所以要让女孩明白，如果想在今后的生活中找到王子，首要应该做的是使自己更有学识，更有修养，让自己更具实力。

最后启发女孩：王子怎么会被一个胸中无点墨，没有文化又没有修养的人所吸引呢？

所以，不论女孩的答案是什么，父母都可以游刃有余地启发女孩，这是让女孩走出阴影的第一步。

你有什么条件谈恋爱？

启发女孩想一想，自己是否具备恋爱的能力呢？

可以给女孩讲道理。比如和女孩说，十几岁的恋爱就像游泳，如果要到深水区是需要深水证的，只有拿到了深水证才有资格到深水区去畅游。所以，可以问问她，在感情的长河里，她有深水证吗？可以控制水深水浅吗？如果不顾一切地游向深处，能安全上岸吗？

接下来再问问女孩，是否会因谈了恋爱而致课业一落千丈，甚至面临重考、考不上好大学的命运？是否能承受这一切？喜欢一个人不一定要和他谈恋爱，默默地关注他，站在远处欣赏他，这种距离产生的美不是更好吗？

你要怎么做？

作为一个十几岁的中学生，在父母眼里还是小女孩，无论从年龄、阅历、知识方面，还是承担责任和从物质的准备方面，都不具备恋爱的条件。也许女孩会以为自己已经长大了，不再是一个小孩子了，但是却不得不在现实和事实面前低头。过早地谈恋

爱，会面临未来无数个未知，如果以后不在一个大学怎么办？不再有爱慕的感觉了怎么办？

所以，一定要让女孩正确评估自己的状态，而后采取行动。最好的办法就是：不要让爱萌芽，要选择远离诱惑物。正所谓"爱情的强度与空间距离成反比"，如果两个人的距离拉远了，心动的感觉也就慢慢淡了。

所以，成熟的爱需要成熟的条件，就像一棵树的成长，需要浇水灌溉，需要施肥，需要除害虫一样，这都需要时间和精力。一边是青春的热望，一边是学业的清规戒律，鱼和熊掌不能兼顾。教育女孩，应该把握青春，学好自己的学业，为将来的人生打下良好的基础。

下面还有一些可以用来启发女孩的话，父母可以用以借鉴。

可以问问女孩，她真正需要的是什么样的人、什么样的感情；想一想，幼儿园时喜欢的小朋友到了小学还喜欢吗？小学喜欢的女孩到了中学还喜欢吗？让女孩明白，随着自己慢慢长大，喜欢和需要的都会改变。

让女孩明白，未来有太多的不确定性，包括求学和职业选择。

青少年还没有把握一份真实感情的能力，还不能懂得责任和担当，即使是好女孩，也有青春的冲动，也有可能做出不该做的事情。而人生不能重来，有些事情错不起也输不起。

谈恋爱很累。朋友相处会感觉很坦然、没有负担，所以很开心；而谈恋爱会有很多的苦恼、麻烦和顾虑。为什么要承担本不应该这个年龄承担的烦恼呢？

恋爱是一种非常美妙的事情，可是真的体会到它的美妙是需要条件的。偷偷摸摸（怕老师父母发现）地谈肯定体会不到它的美妙，最多是刺激。

让女孩懂得珍爱自己

在女孩成长的过程中，她能够快快乐乐、合群好学、不怕挫败，不畏艰难、勇于接受挑战和愿意承担责任是每个父母最想看到的。但是，怎样才能培养出这样的女孩呢？其关键就在于让女孩建立良好的自我价值观念，要让她懂得珍爱自己。

维持一个人生存在这个世界的基本原动力，是他的自我价值。所谓的"自我价值"，简而言之就是一个人的自信、自尊和自爱。一个有自我价值观念的人，会懂得珍爱自己，会有积极的生活态度。一个人出生的时候，是不存在自我价值的，这是成长过程中通过每一件事的积累而得到的总的结果。她的人生有多少成功、快乐、满足和幸福，将取决于她是否足够地自信、自爱与自尊。

如果想感受到生活的乐趣和魅力，女孩一定要有起码的自爱。珍爱自己的一切，包括优点、缺点、梦想和自己身上的一切。就算认为自己不漂亮，不聪明，也仍然要懂得珍爱自己。女孩只有学会珍爱自己，其心灵才能触碰到世界真实而深刻的一面。

从很大程度上讲，女孩珍爱自己的能力都是从父母那里得来的。对于父母来说，教会女孩自爱，是给女孩最好的礼物。这份礼物能给她带来成长的动力和勇气：爱自己，接受自己，宽容自己，坦诚地与自己进行沟通，正确地认识自己，既不自以为是，也不妄自菲薄，能明白是什么让自己感到幸福和满足的。那么，父母应该怎样做才能让女孩拥有珍爱自己的能力呢？具体来说，主要有以下几个方面。

1.帮助女孩正确认识自己

父母要让女孩对自己有一个正确的认识，让她明白任何人都不是完美无缺的，人人都有优点和缺点，不能由于自己不如别人而产生自卑感，更不能因此自暴自弃。比如，儿童节学校要表演节目，她并没有被老师选中，这时，父母就要告诉孩子："这并不能说明什么，更不代表你是个笨孩子，回到家里你可以演给爸爸妈妈看。"另外，父母在家中对女孩的偏袒和溺爱要少一些，多给女孩一些客观合理的评价，这样可以让女孩建立真正意义上的自尊、自爱，而不是以自我为中心，唯我独尊。

2.尊重女孩的天性

培养女孩珍爱自己的能力，就要让她感到自己有价值，这是非常重要的一点。父母要尊重女孩的天性，接纳最真实的她，要让她觉得自己是一个有价值的、得到认可的独立个体。

3.给女孩设定一些可行的目标并不断鼓励她

父母要根据女孩的能力、兴趣和价值观，给她设定一些切实可行的目标，并且不断地鼓励她。在她取得进步的时候给予赞扬，在遇到困难的时候给予鼓励，分担她的各种感受（不论悲或喜、苦或乐），当她达到目标的时候，更要充分地分享她成功的喜悦。这样，女孩就会对自己的能力充满信心，知道自己的价值，并学会珍惜自己的成绩。这样下去，便能使女孩具有珍爱自己的能力。

这种做法，不仅可以在读书、做家庭作业上运用，而且还可以在生活中的很多事情上加以应用。例如，策划一次旅行、安排一次宴会、参加学校或其他机构举行的一些比赛等，都可以成为培养女孩珍爱自己能力的好机会。

4. 在客人面前正式地介绍女孩

生活中，有客人第一次来到家里，父母只会把家里的成年人介绍给客人，而另外的正式成员——孩子，却有意无意地被疏忽了。有时候孩子就在面前，父母也仿佛对她视而不见。有的父母即使向别人介绍女孩，也只是顺口说一句"这是我的女儿"，好像女孩没有属于自己的姓名一样。更有甚者，当有客人造访时，让女孩回到自己的屋子里，反复叮嘱不要出来。有的父母干脆让女孩到外面玩耍，免得给自己添麻烦。

家里招待客人，这本来是培养女孩人际来往能力的一个绝佳机会。但是，很多父母对此却不以为然，以致错过了教导女孩的机会。在女孩看来，父母不向客人正式介绍自己，是因为自己无足轻重，因此并不把自己作为招待客人的主人来看待；家长只顾和客人交谈而对女孩有所忽略，这时女孩就会耐不住寂寞，想方设法地通过胡闹撒娇来引起家长和客人的注意。如果家长不给女孩应有的重视和尊敬，那么她做到自尊、自重、自爱就很困难。以后当有客人来到家里时，她不是怯懦地躲躲闪闪，上不了"台面儿"，就是跟家长胡闹、撒娇，随心所欲，不能学会与人进行正常的交往。

家庭是女孩步入社会之前的"演习场"。父母应该具有强烈的教导意识，留心发现有益的教导机遇，对女孩实施相应的教导。所以，当有客人到家里来的时候，父母不要忘记正式地、郑重地把女儿介绍给客人。

5.不要用专制的态度对待女孩

父母用专制的态度对待女孩，经常对女孩的行为挑三拣四，不当地运用奖励或惩罚来教育女孩，对女孩不信任、不尊重，这些做法都不能培养她珍爱自己的意识。面对专制的父母，具有较强个性的女孩会与之对抗，无法建立起良好的亲子关系。生性懦弱的女孩会认为父母的话总是正确的，因此经常自责，形成自卑心理；或者为了不引起冲突或受到责备，任何事情都以父母的意愿来进行，没有自己的见解或主张，长此以往，便泯灭了个性，对女孩成长十分有害。只有在和谐快乐的家庭氛围里，才能培养出女孩珍爱自己的能力。